Sandra Duscher

Grammatikforscher I

Wörter und Wortarten
2.– 4. Schuljahr

Oldenbourg

Inhaltsverzeichnis

A) Theoretische Grundlegung

1. Sprachkompetenz

In unserer modernen Informations- und Kommunikationsgesellschaft ist das Beherrschen von Sprache unabdingbar. Sprache stellt das wichtigste Instrument dar, um die Welt und die Menschen zu verstehen und sich selbst verständlich zu machen. Entsprechend dieser Bedeutsamkeit setzt die Entwicklung der Sprache schon im Mutterleib ein und kann deren Erwerb im Laufe eines Menschenlebens nie für beendet erklärt werden.
Die Unterteilung in drei Kategorien der Sprachkompetenz ist sinnvoll:

1. Rezeptive Kompetenzen: Sprech-, Hör- und Leseverständnis
2. Produktive Kompetenzen: Sprechen, Lesen und Schreiben
3. Kognitive Kompetenzen: Grammatik und Wortschatz

Alle darin enthaltenen Teilbereiche stützen und beeinflussen sich wechselseitig und sind voneinander abhängig. Daraus ergibt sich eine Forderung an den Grammatikunterricht: Er soll **integrativ** stattfinden, d.h. vernetzt mit den anderen Lernbereichen des Deutschunterrichts und auch fächerübergreifend.

2. Stellenwert der Grammatik in der Grundschule

Die Thematisierung der Grammatik in der Schule wurde und wird unterschiedlich gehandhabt. Dies liegt sowohl an der Vielseitig- und Vielschichtigkeit der deutschen Grammatik (Wie viel davon muss ein Grundschüler bewusst wissen?), als auch an den Forderungen an die Gestaltung zeitgemäßen Grammatikunterrichts (Wie bringe ich die – vermeintlich – trockenen Inhalte an den Schüler?).

Oftmals wird Grammatik weder von den Schülern noch von den Lehrkräften als besonders bedeutsam erachtet und in dafür vorgesehenen festen Stunden abgehandelt, meist mit eher mäßigem Erfolg. Dabei hat Grammatikunterricht, auf den Punkt gebracht, ein eindeutiges Ziel: Das Untersuchen von Sprache führt zu einem zunehmenden Sprachwissen, welches im Rückschluss wieder das eigene mündliche und schriftliche Sprachhandeln unterstützen kann.

Deshalb soll Grammatikunterricht **funktional** sein, sich also an reelen, für die Schüler sinnvollen Sachverhalten orientieren. Beispielsweise kann ein Schülertext mit sich wiederholenden Satzanfängen den Anlass bieten, über den Satzbau und mögliche Umstellungen zu reflektieren. Oder Streitigkeiten zwischen Freunden können zu einem Nachdenken über die Mehrdeutigkeit von Sprache oder nonverbale Kommunikation anregen. Sachthemen können z.B. die Notwendigkeit von Ober- und Unterbegriffen und von Fachsprache näher bringen.
Fehlt der Zugang zu den grammatischen Inhalten, kann dies zu einer Entfremdung von der eigenen Sprache führen und der Grammatikunterricht wird von der Praxis losgelöst wahrgenommen, was zu Lernschwierigkeiten in diesem Bereich führen kann.

3. Vom Konkreten zum Kategorisieren, von Kategorien zum Konkreten.[1]

Diese Formulierung von EISENBERG und MENZEL ist kurz und prägnant als „Anleitung" für Grammatikunterricht zu verstehen.

Übersetzt in eine Grafik könnte der grammatikalische Kreislauf wie folgt aussehen:

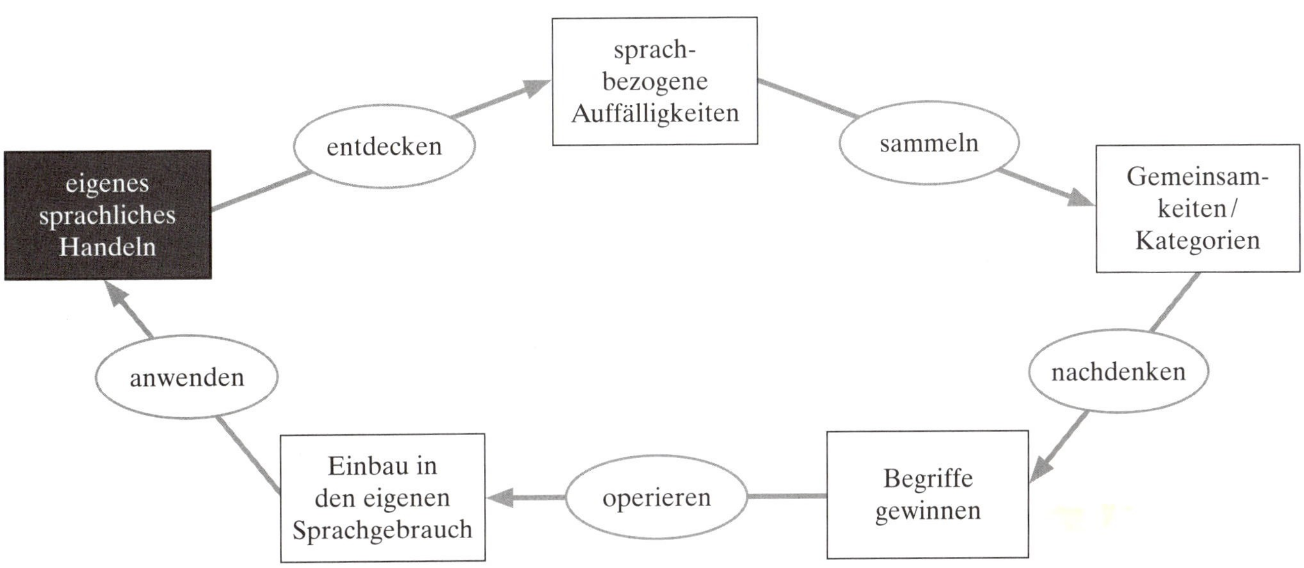

[1] Aus: Grundschule Deutsch, Nr. 18/2008: Im Blickpunkt: Sprache, Kallmeyer Verlag, Leipzig 2008

4. Sprache untersuchen

Um aus gegebenen oder herbeigeführten Situationen mit gesprochener, gehörter, gelesener oder geschriebener Sprache systematisierte und hilfreiche Erkenntnisse abzuleiten, bedarf es eines gewissen „Handwerkszeugs". Der Grammatikunterricht muss Methoden und Arbeitstechniken zur Verfügung stellen, er muss **induktiv** vorgehen. Zusammenfügen und trennen, mit Hilfe des Klangs überprüfen, Ersatz-, Umstell- und Weglassprobe, Nachschlagen, Nutzung des Stammprinzips u.v.m. sind erst einmal selbst Thema des Unterrichts, um später als Werkzeug zur Verfügung zu stehen und weitere Entdeckungen und Kategorisierungen zu ermöglichen.

Die Vorgehensweise wie auch die Inhalte selbst spiegeln wider, dass Grammatik **systematisch** aufgebaut ist und daher auch entsprechend vermittelt werden soll. In Anlehnung an die Sprachwissenschaft bauen die Schüler ein Gespür für das Entdecken und Beobachten von Auffälligkeiten, für das Sammeln, Vergleichen und Ordnen, für das Formulieren von Gemeinsamkeiten usw. auf.

Anhand von **Operationen und Experimenten** entdecken und rekonstruieren die Schüler für sich selbst eine Grammatik unserer Sprache, denn es ist keinesfalls Sinn von Grammatikunterricht, vorgegebenen Kategorisierungen „hinterherzulaufen".

Auch **Fachbegriffe** haben ihren festen Platz im Grammatikunterricht und sind in einem fachlichen Austausch über Sprache notwendig. Jedoch sollte der Fachbegriff nicht als leere Hülle dastehen. Denn das Phänomen, das hinter einem Begriff steckt, muss erst erfasst werden. Es hilft nichts, den Begriff „Nomen" zu verwenden, wenn nicht die Kennzeichen und Funktionen, die ein Wort erst zum Nomen machen, bekannt sind.
Anfangs sind kindersprachliche und didaktische Bezeichnungen für grammatikalische Sachverhalte durchaus zulässig bzw. sogar wünschenswert. Kindgemäße Formulierungen treffen grammatikalische Inhalte meist sehr genau und dienen so der Begriffsentwicklung.

Wie bei anderen Lernprozessen auch, spielt die **Zusammenfassung** der Erkenntnisse als Merksatz im Heft, auf einem Plakat für die Klassenzimmerwand, in einem Lerntagebuch o.Ä. eine wichtige Rolle. Sie wirkt wie eine positive Verstärkung, da sie beweist, dass etwas herausgefunden, etwas erarbeitet wurde. Daher sollte die Lehrkraft auf die Qualität einer solchen Zusammenfassung achten. Im Allgemeinen ist es besser, einen Begriff nicht nur mit Beispielen zu unterlegen (= extensional), sondern auch Merkmale und Funktionen dazu zu nennen (= intensional). Für eine Zusammenfassung gibt es je nach Intention unterschiedliche didaktische Orte. Keinesfalls sollte sie vor einer selbständigen Durchdringung durch die Schüler von der Lehrkraft vorgegeben werden. Eine Formulierung durch die Schüler selbst, ist, wenn fachlich richtig, einem Lehrerausdruck vorzuziehen.

5. Arbeitsbereiche für die Grundschule

Laut und Buchstabe	Wort und Wortbausteine	Satz und Satzglieder	Text
– Reimen – Laut-Buchstaben-Zuordnung bei • Selbstlauten • Mitlauten • Umlauten • Doppellauten • Abweichungen vom lauttreuen Prinzip • Lautqualitäten – verschiedene Schriftzeichen und Symbole	– Silben – Wortarten • Nomen • Artikel • Verben mit Personal- und Zeitformen • Adjektive und Vergleichsstufen • Pronomen • Zahlwörter • Präpositionen – Wortfamilien, Wortbausteine und das Wortstammprinzip – Fremdwörter – Wörter ordnen • nach dem ABC • nach Sammelnamen • nach Wortfeldern	– Satzarten und deren Intention und Klang – Satzbaupläne mit • Subjekt und Prädikat • Objekte • die vier Fälle • Ersatz-, Weglass-, Umstell-, Klangprobe • Satzverbindungen – Satz als Sinneinheit – wörtliche Rede mit Begleitsätzen – Redensarten / Sprichwörter	– Textproduktion und Textverständnis durch grammatikalische Erkenntnisse unterstützen

6. Kompetenzfeststellung und Lernbeobachtung

Schülerkompetenzen im Bereich „Sprache untersuchen" lassen sich in zahlreichen Unterrichtssituationen beobachten und feststellen. Sowohl im mündlichen und schriftlichen Sprachgebrauch als auch im Umgang mit Rechtschreibung und Lesen kommt bewusstes und unbewusstes grammatikalisches Wissen zum Einsatz. Fehler und Lücken im Wissen dienen hier wie in allen Lernbereichen als Hinweise auf eine mögliche unterrichtliche Thematisierung oder individuellen Förderbedarf.

Bogen zur Dokumentation von Kompetenzen im Lernbereich Grammatik

Name:		**Datum:**	**Beobachtung:**
Laut und Buchstabe	Vokale kennen		
	Konsonanten kennen		
	Doppellaute kennen		
	Abweichungen vom lauttreuen Prinzip erkennen		
	Lautqualitäten erkennen und unterscheiden		
Wort und Wortbausteine	Reimwörter finden		
	Silben erkennen und untersuchen		
	Nomen erkennen und beweisen		
	bestimmte und unbestimmte Artikel kennen und anwenden		
	Verben erkennen und beweisen		
	Verben in unterschiedlichen Personalformen verwenden		
	Verben in unterschiedlichen Zeitformen verwenden		
	Adjektive erkennen und beweisen		
	Adjektive in Vergleichsformen setzen		
	Pronomen erkennen		
	Wortzusammensetzungen analysieren		
	Wortfamilien und Wortstammprinzip kennen		
	Wörter nach dem ABC ordnen		
	Sammelnamen kennen und verwenden		
	Wortfelder kennen und verwenden		
	Fremdwörter und Wörter aus anderen Sprachen verwenden und erkennen		

Name:		Datum:	Beobachtung:
Satz und Satzglieder	Großschreibung am Satzanfang		
	Aussagesatz mit Merkmalen		
	Fragesatz mit Merkmalen		
	Ausrufesatz mit Merkmalen		
	Subjekt erkennen und nutzen		
	Prädikat erkennen und nutzen		
	Objekte erkennen und nutzen		
	vier Fälle erkennen und nutzen		
	Satzverbindungen herstellen können		
	wörtliche Rede mit Begleitsätzen erkennen und verwenden		
	Redensarten / Sprichwörter sinnvoll verwenden		
Arbeits-techniken	Nachschlagen können		
	Klangprobe kennen und durchführen		
	Umstellprobe kennen und durchführen		
	Weglassprobe kennen und durchführen		
	Ersatzprobe kennen und durchführen		
	Fachbegriffe nutzen		
	mit Sprache kreativ umgehen		
Über Lern-prozesse und -ergeb-nisse spre-chen	Motivation / Entdeckerfreude		
	Beteiligung an Grammatik- / Forschergesprächen		
	Selbsteinschätzung		
	Lerntagebuch / Portfolio		

7. Aufbau des Grammatikforschers

Nachfolgend finden sich verschiedene Materialien für die Erarbeitung, Übung und Differenzierung zum Bereich „Wort und Wortteile". Jedem Kapitel gehen eine kurze fachdidaktische Einführung sowie Erklärungen und weiterführende Hinweise zu den Materialien voraus. Die Materialien können je nach Jahrgangsstufe bzw. Sprachkompetenz der Schüler individuell Verwendung finden.

Alle Wortarten sind mit Symbolen gekoppelt, die sowohl den Schülern als auch den Lehrern den Umgang und die Verbindung der Wortarten untereinander erleichtern. Die Symbole sind an die Montessori-Arbeit angelehnt und sollten noch mit entsprechenden Farben hinterlegt werden, z.B. Nomen, Begleiter und Pronomen blau, Verben rot und Adjektive grün.

Grundlage für die Arbeit mit dem Grammatikforscher ist ein beim Schüler vorhandenes Wortkonzept. D.h. Wortgrenzen werden erkannt und Abgrenzungsschwierigkeiten mit Silben bzw. Morphemen oder Wortgruppen sind kaum noch gegeben. Dies sollte bereits im Rahmen des Anfangsunterrichts stark thematisiert werden, um die Fehlerwahrscheinlichkeit der Getrennt- und Zusammenschreibung, die in der 4. Jahrgangsstufe immerhin noch bei ca. 5 % liegt, zu minimieren. Ein Hauptargument für Wort- und auch Satzgrenzen ist die Leserfreundlichkeit. Beim Schreiben an sich spielen diese Grenzen nämlich eigentlich keine Rolle, aber für denjenigen, der unseren Text wiedergeben soll, sehr wohl.
Wiederkehrende Sicherung ist natürlich Bestandteil der gesamten Schulzeit.

8. Wortartensymbole

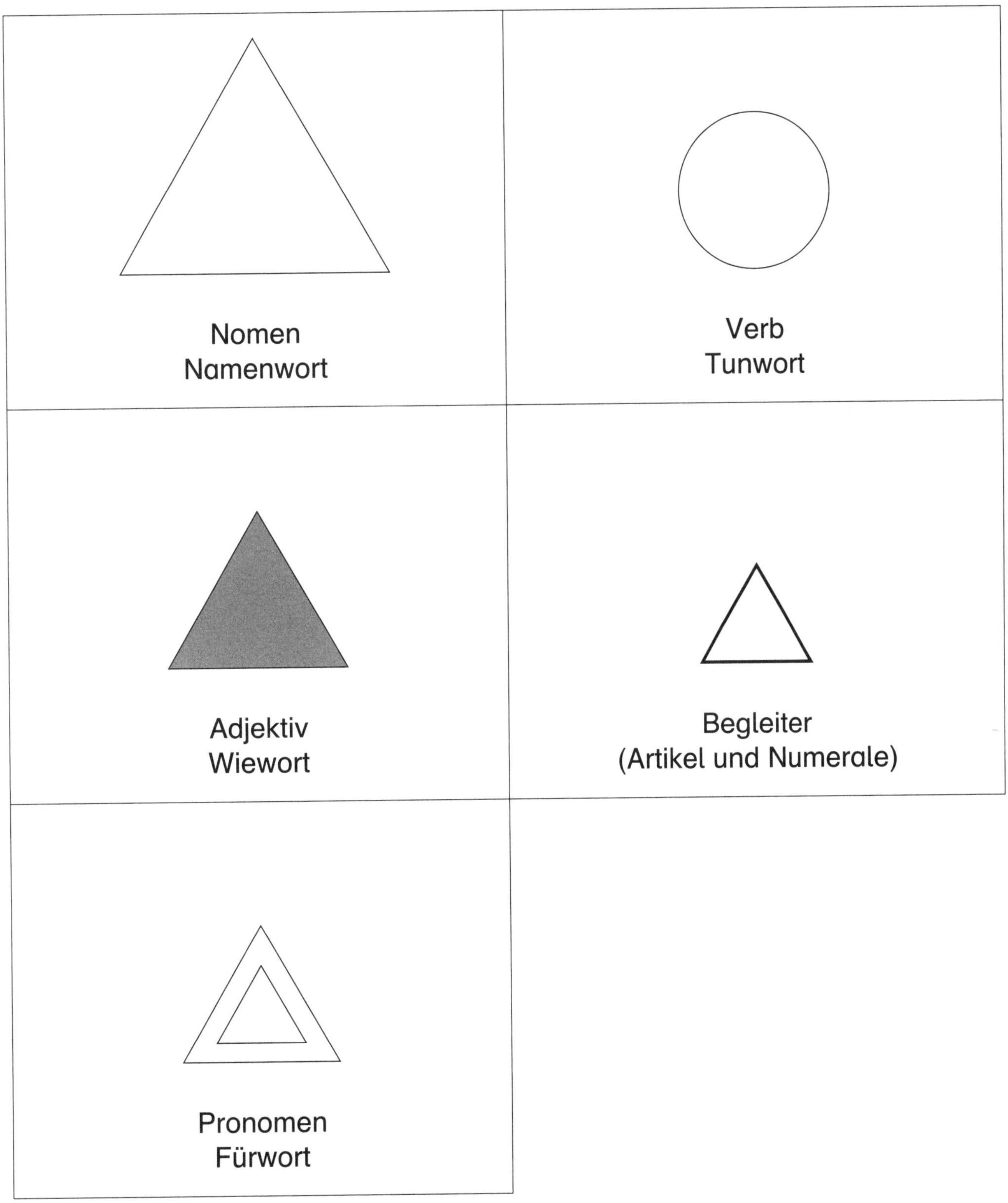

B) Förderpraxis

1. Nomen und Begleiter

Neben den Verben sind die **Nomen**, die über die Hälfte des deutschen Wortschatzes ausmachen, die wichtigste Wortart. Sie sind so unabhängig, dass alleinstehende Nomen inhaltliche (semantische) Aussagen tragen können.
Formen und Verwendungszusammenhänge von Nomen
- Konkreta (i. Allg.: Menschen, Tiere, Pflanzen, Dinge) und Abstrakta (Eigenschaften, Gefühle, Ereignisse ...),
- Singular (*der Stein, das Haus, die Blume, die Freundin*) und Plural (*die Steine, die Häuser, die Blumen, die Freundinnen*),
- in den vier Fällen: Nominativ (Wer?), Genitiv (Wessen?), Dativ (Wem?) und Akkusativ (Wen?)
- Zusammensetzungen (*Apfel + Baum = Apfelbaum*),
- Nominalisierungen im syntaktischen Kontext, z. B. *Das Turnen ist mein Lieblingshobby.*

Der rechtschriftliche und für die Kinder von Anfang an auffälligste Aspekt des Nomens ist natürlich die Großschreibung.
Das Nomen verfügt über eine Vielzahl an Begrifflichkeiten: Substantiv (lautlich eng verwandt mit Subjekt), Hauptwort (Gibt es nicht auch andere wichtige Wörter?), Dingwort (nicht nur Dinge sind Nomen) und Namenwort (auch *schreiben* ist ein Name für eine Tätigkeit). Vor allem hinter den deutschen Begriffen steckt eine gutgemeinte Versinnbildlichung des Begriffs, der jedoch nur eingeschränkt gilt und die Schüler teilweise verwirrt. Einer grundsätzlichen Einführung des lateinischen Begriffs „Nomen“ als gemeinsamer Arbeitssprache ab der 1. Jahrgangsstufe steht nichts entgegen.

Nomen können einen bestimmten (*der, die, das*) oder unbestimmten (*ein, eine*) **Artikel** zur Seite haben. Aber auch andere – in Texten häufiger vorkommende – **Begleiter** weisen auf Nomen hin: Pronomen und **Numerale** (*mein Hund, ihre Lehrerin, viele Kinder, keine Lust, drei Bonbons*). Die Schüler sollten alle Möglichkeiten der begleitenden Wörter kennen und nutzen, wobei Pronomen aufgrund ihrer Vielseitigkeit eine besondere Stellung, nicht nur als Begleiter, haben.
Die Begleiterprobe alleine reicht aber nicht zur Identifizierung eines Nomens aus, da sonst das *Rote herz* oder Nominalisierungen ohne passenden Kontext (z. B. das *Laufen*) verschriftet werden. Zusätzliche „Beweise“ für Nomen: gibt es in Einzahl und Mehrzahl, ist ein Name für ..., hat die Endung -ung, -heit, -keit ... Mindestens zwei dieser Beweise sind immer zu erbringen, dann lautet die Schlussfolgerung: „Es handelt sich um ein Nomen und ich schreibe es groß.“

Beschreibung der Materialien und Übungen

1. Bildkarten Nomen

Warum? Begriffsbildung zu Nomen, die gängigste Einteilung für Nomen erkennen und nutzen

Wie? Die Schüler werden mit den gemischten Bildkarten und einer leeren Tabelle mit vier Spalten konfrontiert. Dieser Impuls führt zu Ordnungsvorschlägen und endet in der Einteilung „Menschen, Tiere, Pflanzen, Dinge“. Werden die Bilder verschriftet, führt dies zu der Erkenntnis, dass alle diese Wörter groß geschrieben werden.

Variante: Die Schüler sollen selbst Bilder mitbringen.

Danach: Erweiterung durch die Begleiter zu diesen Wörtern

2. Tabelle Nomen

Warum? Analogien erkennen, Ober- und Unterbegriffe verwenden, Erweiterung des Nomen-Begriffs

Wie? Die erste Tabelle beinhaltet den engen Begriff des Nomens mit der Einteilung in Mensch, Tier, Pflanze, Ding. In der zweiten Tabelle findet sich die Erweiterung auf abstrakte Nomen und eine mögliche Einteilung dazu (auch eigene Kategorien dazu können gefunden werden). Die Tabellen können zusammen mit den Bild- bzw. Wortkarten eingesetzt werden.

Variante: Die Schüler suchen selbst im Wörterbuch, in der Zeitung, in Büchern, etc. Nomen und teilen diese in die Kategorien ein.

Tipp: Die Tabellen können auch laminiert und so immer wieder neu mit Folienstiften beschrieben oder mit Wortkarten belegt werden.

Danach: Die Arbeit mit den Tabellen führt zu dem Beweis: „Nomen sind Namen für ...“

3. Wortkarten – konkrete und abstrakte Nomen

Warum? Wortsammlungen nutzen, Erweiterung des Nomen-Begriffs, Kategorien entdecken

Wie? Die Schüler sortieren die Karten zunächst nach ihren Vorstellungen, was zusammenpasst und begründen ihre individuelle Systematik. Gemeinsam werden dann in der Klasse mögliche Oberbegriffe zu den Kategorien festgelegt.

Variante: Die Karten werden in die erweiterte Tabelle einsortiert.

Tipp: Zur Freiarbeit können die Wortkarten auf der Rückseite mit Lösungen (Symbole der Tabellen) versehen werden.

Danach: Die Kategorien können mit Hilfe von Wörterbüchern oder Wortschatzlisten erweitert werden.

4. Begleiteruhr

Warum? Nomen und deren Begleiter einander zuordnen, Arten von Begleitern kennen und nutzen

Wie? Siehe Arbeitsblatt

Variante: Siehe Arbeitsblatt. Eine Zuordnung der Bild- und Wortkärtchen der KVs auf S. 11 und 13 ist ebenfalls möglich.

Danach: Auch die Begleiter können in unterschiedliche Arten eingeteilt werden: bestimmte und unbestimmte Artikel, Numerale und Pronomen.

5. Einzahl-Mehrzahl-Paare suchen

Warum? Die Mehrzahl von Nomen finden, Nomenbildungen erkennen, Wortschatzerweiterung

Wie? Die ausgeschnittenen Teile werden passend nach Einzahl und Mehrzahl zusammengesucht. Anhand der Mehrzahl lassen sich der ständige Begleiter „die" und die verschiedenen Formen der Mehrzahlbildung (au wird zu äu, a wird zu ä, u wird zu ü, o wird zu ö, Endungen -e, -n, -nen, -s) erforschen.

Danach: Erweiterung des Wortmaterials und Besprechung der Nomen, deren Wortform gleich bleibt und die es nur in der Einzahl oder nur in der Mehrzahl gibt.

6. Domino – versteckte Begleiter

Warum? Zusammenziehungen von Artikel und Präposition erkennen und nutzen

Wie? Siehe Arbeitsblatt

Variante: Das Domino wird nicht in Partnerarbeit gelegt, sondern in Einzelarbeit ins Heft geklebt.

Danach: Die Schüler überlegen sich zu den versteckten Begleitern weitere Beispiele.

7. Frag dich schlau

Warum? Ein Gespür für Nomen und ihre Begleiter in den unterschiedlichen Fällen entwickeln, Fragewörter nutzen, Fragen und Antworten formulieren

Wie? Siehe Arbeitsblatt

Variante: Die Sprechblasen werden als Tafelbild verwendet und gemeinsam erarbeitet.

Danach: Die Fragen können im Zusammenhang mit Satzgliedern/-ergänzungen und im schriftlichen Sprachgebrauch aufgegriffen werden.

8. Nomen-Baustelle

Warum? Vor- und Nachsilben von Nomen kennen und nutzen, Wortschatzarbeit, Wortneuschöpfungen

Wie? Siehe Arbeitsblatt

Danach: Die Wortbausteine können immer wieder für Übungszwecke verwendet werden. Eine Verknüpfung mit Rechtschreiben (Morphematisches Prinzip = Gleichschreibung verwandter Wortteile) ist hier empfehlenswert.

9. Zusammengesetzte Wörter würfeln

Warum? Wortbildung, Wortschatzerweiterung, Wortarten erkennen und nutzen

Wie? Aus den Vorlagen können zwei Würfel gebastelt werden, die mit den unterschiedlichen Wortarten beschriftet sind. Die Schüler sollen zu den gewürfelten Wortarten zusammengesetzte Wörter finden. Dabei gibt es viele Dinge zu entdecken: Gibt es Wörter zu Verb + Nomen oder auch zu Nomen + Verb? Zu welcher Wortart gehört das zusammengesetzte Wort? Wer bestimmt die Wortart des zusammengesetzten Wortes? Wie heißt der Begleiter zu einem zusammengesetzten Nomen? Verändern sich die einzelnen Wörter beim Zusammensetzen? u.v.m.

Tipp 1: Es bietet sich an, diese Übung zu einem bestimmten Themenbereich zu machen und dazu Wortsammlungen zu erstellen (z. B. zu Berufen, Schule, Verkehr).

Tipp 2: Die Forscheraufträge können als arbeitsteilige Gruppenaufträge verteilt werden.

Variante: Fantasiewörter bilden, die dann erklärt oder in eine Geschichte eingebaut werden.

10. Kuckuckseier mit Ober- und Unterbegriffen

Warum? Semantische Beziehung zwischen Ober- und Unterbegriffen erkennen, Wortschatzerweiterung, Stoffsammlungen

Wie? In jedem Kuckucksei mit einem Oberbegriff versteckt sich ein falscher Unterbegriff, der durchzustreichen ist.

Tipp: Leistungsstarke Schüler können für ihre Mitschüler selbst Kuckuckseier kreieren.

Danach: Die Wortsammlungen können erweitert werden. Der Vergleich der Kuckuckseier ergibt, dass ein Unterbegriff durchaus auch wieder Oberbegriff sein kann und die Bedeutung eines Begriffes umso genauer ist, je weniger er noch zu unterteilen ist.

11. Gleiches Wort – andere Bedeutung

Warum? Mehrdeutigkeit von Wörtern aufzeigen, Missverständnisse vermeiden, Wortschatzerweiterung, genaue Erklärungen formulieren

Wie? Die Schüler spielen in zwei Teams bzw. als Partner gegeneinander. Die Spielregeln lauten wie beim „Teekesselchen-Spiel“: Für jeden doppeldeutigen Begriff müssen nacheinander erklärende Sätze abgegeben werden, bis der Begriff mit beiden Bedeutungen erraten ist. Es können Vereinbarungen darüber getroffen werden, welche Informationen der Reihe nach gegeben werden, z. B. Farbe, Größe, Form, Ort des Vorkommens, Verwendung …

Danach: Weitere solcher Begriffe werden gesammelt und in der Spiele- oder Freiarbeitsecke zur ständigen Benutzung hinterlegt.

Tipp: Die Begriffe lassen sich gut für das freie Schreiben verwenden, indem in einer Geschichte bzw. einem Gedicht entweder beide Bedeutungen vorkommen müssen oder bei Partnerarbeit jeweils ein Kind eine der Bedeutungen aufgreifen muss.

12. Der Artikel macht's!

Warum? Unterschiedliche Aussagekraft von bestimmtem und unbestimmtem Artikel erkennen und nutzen

Wie? Siehe Arbeitsblatt

Tipp: Solche Sätze an die Kinder in 4er-Gruppen verteilen und vorlesen, vergleichen und beschreiben lassen.

Danach: Bewusste Anwendung des erworbenen Wissens, z. B. in Beschreibungen.

13. Fremdwörter-Lernkartei

Warum? Wortschatzerweiterung, Bedeutungsklärung von Fremdwörtern

Wie? Auf die Rückseite der Karteikarte wird jeweils nochmal das Wort mit dem passenden Artikel notiert und die inhaltliche Erklärung des Fremdwortes. Diese wird entweder gemeinsam erarbeitet oder von den Schülern in Wörterbüchern, Lexika oder im Internet gesucht. Sie kann in Form eines ganzen Satzes, als Synonym und / oder Verwendungsbeispiel festgehalten werden.

Tipp: In die Kartei können natürlich im Laufe der Zeit auch Fremdwörter anderer Wortarten, alle dem Schüler nicht bekannten Wörter als auch Lernwörter aus dem Bereich Richtigschreiben aufgenommen werden.

Variante: Die Karten finden auf vielerlei Art und Weise Einsatz: zum Abschreiben, Markieren, Sortieren, Diktieren, bei der Wortfamilien- oder Wortfeldarbeit ...

Bildkarten – Nomen

Tabelle – Nomen

Name: Datum:

Abstrakte Nomen

Gefühle	Eigenschaften	Geschehnisse	Gedanken	Maßangaben

Tabelle – Nomen

Name: Datum:

Nomen zum Sehen und Anfassen

Menschen	Tiere	Pflanzen	Dinge

Angst	Wecker	Bäcker	Bett
Liter	Treffen	Blitz	Boot
Brand	Brille	Donner	Draht
Dummheit	Durst	Ecke	Entfernung
Ehre	Floh	Höflichkeit	Mut
Fleiß	Flugzeug	Frieden	Fluch
Gebäude	Geburt	Freiheit	Glück
Handy	Mutter	Höhe	Höhle
Hunger	Impfung	Idee	Kamm
Kompass	Krieg	Kuss	Viertel
Lehrer	Lohn	Meter	Vorstellung
Einfall	Pilz	Recycling	Reiselust
Sehnsucht	Spaß	Spaziergang	Spiegel
Stärke	Sturm	Meinung	Träne
Traum	Unfall	Verpackung	Zeit

Begleiteruhr

Schneide den Kreis und den Zeiger aus.
Verbinde die beiden Teile mit einer Musterklammer.

Möglichkeit 1: Dein Partner dreht den Zeiger und du musst zu dem eingestellten Begleiter ein passendes Nomen finden und aufschreiben.

Möglichkeit 2: Dein Partner dreht den Zeiger und du musst einen Satz erfinden, in dem der Begleiter vorkommt.

Möglichkeit 3: Dein Partner zeigt dir ein Nomen und du musst den Zeiger auf einen passenden Begleiter einstellen.

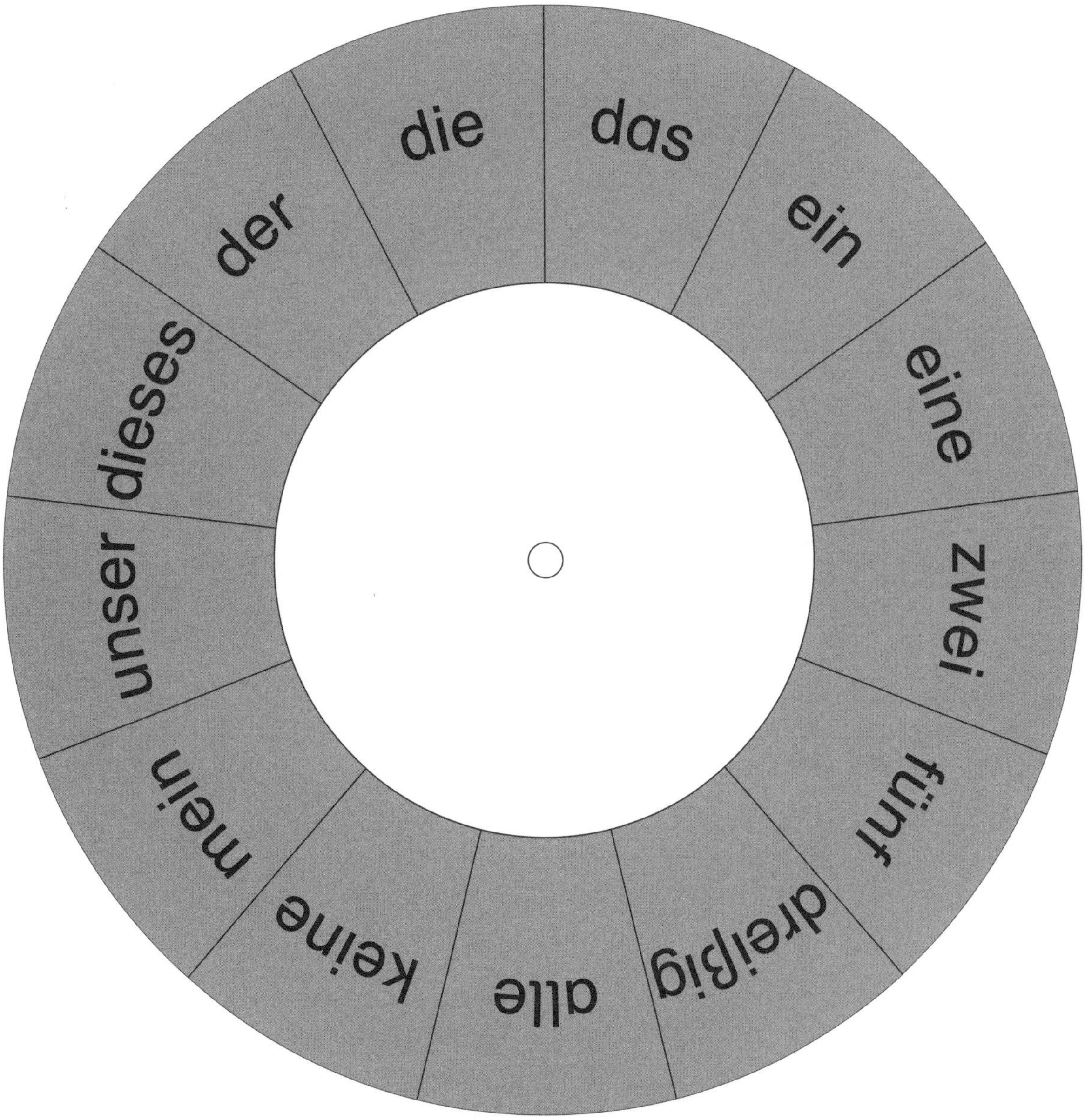

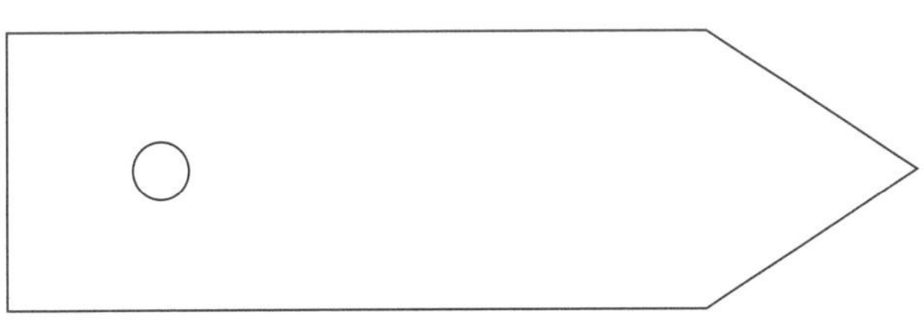

Einzahl-Mehrzahl-Paare suchen

Partnerarbeit!
Findet die fehlenden bestimmten Artikel. Verwendet ein Wörterbuch.
Schneidet dann die Teile aus und spielt damit.

___ Traum	___ Maus	___ Baum	___ Zahn	___ Gans	___ Hand
___ Freundin	___ Ärztin	___ Lehrerin	___ Buch	___ Kuss	___ Zug
___ Stein	___ Tisch	___ Stift	___ Lampe	___ Hose	___ Mücke
___ Sohn	___ Loch	___ Hof	___ Auto	___ Baby	___ Oma
___ Träume	___ Mäuse	___ Bäume	___ Zähne	___ Gänse	___ Hände
___ Freundinnen	___ Ärztinnen	___ Lehrerinnen	___ Bücher	___ Küsse	___ Züge
___ Steine	___ Tische	___ Stifte	___ Lampen	___ Hosen	___ Mücken
___ Söhne	___ Löcher	___ Höfe	___ Autos	___ Babys	___ Omas

Forscherauftrag 1: Welcher Begleiter ist in der Mehrzahl immer dabei?

Forscherauftrag 2: Hier passen immer drei Wörter der Mehrzahl besonders gut zusammen. Warum?

Domino – versteckte Begleiter △

Partnerarbeit!
Schneidet die Dominoteile entlang der gepunkteten Linie aus und spielt damit.

START	von dem	vom Supermarkt	in das
ins Bett	bei dem	beim Bäcker	an das
ans Wasser	vor dem	vorm Haus	zu der
zur Schule	in dem	im Zimmer	für das
fürs Kind	zu dem	zum Zug	an dem
am Sonntag	auf das	aufs Regal	ENDE

Name: Datum:

Frag dich schlau

Wer? Was? Wohin?

Wo? Wem? Womit? Woher?

Wobei? Wofür? Mit wem? Wen?

Auf diese Fragen bekommst du meist ein Nomen als Antwort.

Beispiele: Wer hilft dir bei den Hausaufgaben? – Meine Mama.
Wohin gehst du jeden Morgen? – Zur Schule.
Wofür kriegst du Taschengeld? – Für Spielsachen.
Was möchtest du später werden? – Ein Schreiner.

Überlege dir zu jedem Fragewort eine Frage.
Gehe dann durchs Klassenzimmer und halte bei verschiedenen Kindern an, um sie etwas zu fragen. Schreibe dir von den Anworten nur die Nomen mit einem Begleiter hier auf.

Nomen-Baustelle

– Kennzeichne die Nomen mit
für Vorsilben
für Wortstamm
für Nachsilben

– Zerschneide die Wörter dann in ihre Teile und versuche sie neu zusammenzusetzen. Erst zu sinnvollen Wörtern, danach ist auch Unsinn erlaubt.

– Forscherauftrag: Suche zu den Wörtern die Begleiter und die Mehrzahl.

Begleiter	Krankheit	Bohrung
Taucher	Gefahr	Erlebnis
Geschenke	Vortrag	Befreiung
Zerstörung	Zeugnis	Dummheit
Verschmutzung	Heilung	Besitzer
Hinfahrt	Unterhaltung	Zufall
Unfall	Herstellung	Einzahl
Wachsamkeit	Geschicklichkeit	Gedränge
Helferin	Beauftragter	Mitschülerinnen

Zusammengesetzte Wörter würfeln

Partnerarbeit!
Bastelt euch die beiden Würfel.
Würfelt damit und findet zusammengesetzte Wörter.

Beispiele: Verb + Nomen = kuscheln + die Decke = die Kuscheldecke
Nomen + Adjektiv = das Eis + kalt = eiskalt

Forscherauftrag 1: Kannst du die Reihenfolge der Würfel beliebig vertauschen und findest trotzdem Wörter dazu?

Forscherauftrag 2: In jedem zusammengesetzten Wort steckt ein Nomen. Finde heraus, ob auch alle zusammengesetzten Wörter Nomen sind…

Forscherauftrag 3: Bleiben die einzelnen Wörter im zusammengesetzten Wort genau gleich? Falls nicht, finde heraus, was sich verändert…

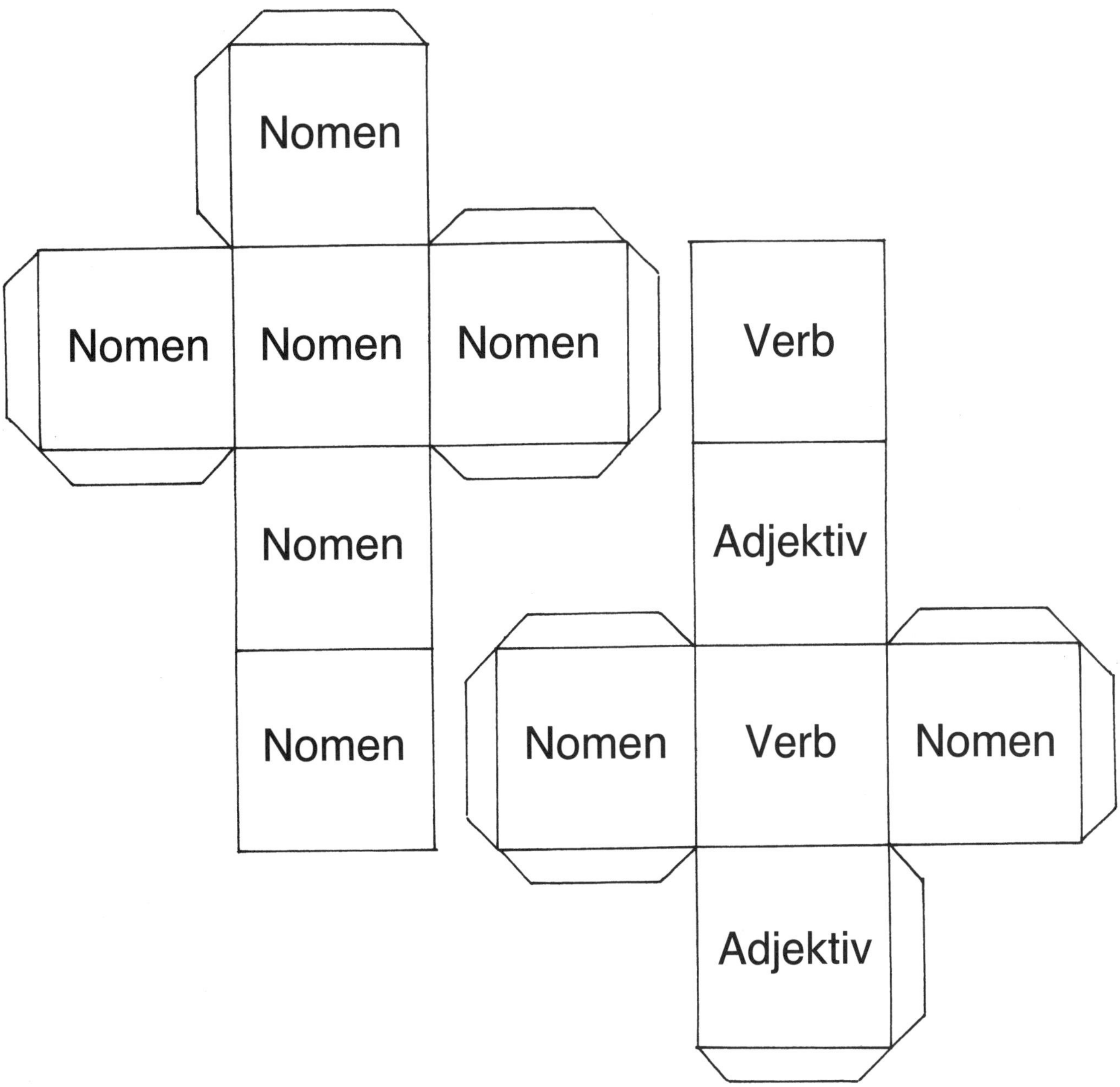

Kuckuckseier mit Ober- und Unterbegriffen

Fische Karpfen Hai Forelle Krebs	**Tiere** Vogel Kind Säugetier Insekt	**Jungennamen** Max Kilian Tina Markus
Gebäude Zug Villa Hochhaus Kirche	**Lebensmittel** Käse Brot Wurst Spülmittel	**Wetter** Vorhang Regen Wolken Schnee
Flüsse Donau Bodensee Rhein Nil	**Gewässer** See Fluss Dusche Meer	**Werkzeuge** Bart Hammer Feile Säge

Forscherauftrag: Manchmal werden Oberbegriffe zu Unterbegriffen.
Finde Beispiele!

Kuckuckseier mit Ober- und Unterbegriffen

Jedes Kuckucksei hat einen Namen. Aber in jedem Ei passt ein Wort nicht dazu.
Streiche es durch.

Fahrzeuge
Auto
Fahrrad
Ball
Lastwagen

Kleidung
Jacke
Stuhl
Socke
Bluse

Obst
Gurke
Apfel
Kirsche
Himbeere

Möbel
Sofa
Schrank
Regal
Stein

Blumen
Rose
Schnittlauch
Nelke
Tulpe

Beeren
Erdbeere
Himbeere
Eisbär
Stachelbeere

Schuhe
Stiefel
Sandalen
Turnschuhe
Polster

Geschirr
Tuch
Suppenteller
Tasse
Schüssel

Bäume
Tanne
Eiche
Geranie
Kastanie

Nadelbäume
Fichte
Birke
Kiefer
Blautanne

Laubbäume
Buche
Esche
Tanne
Apfelbaum

Stoffe
Jeans
Tiger
Kord
Flanell

Gleiches Wort – andere Bedeutung

Team 1

das Pony (kleines Pferd) – der Pony (Haare, die ins Gesicht hängen)

der Absatz (hinterer Teil vom Schuh) –
der Absatz (Leerzeile in einem Text)

der Ball (Tanzveranstaltung) – der Ball (Spielzeug)

die Fliege (Tier) – die Fliege (für Männer an den Hemdkragen)

das Katzenauge (Teil der Katze) –
das Katzenauge (Rückstrahler am Fahrrad)

die Mutter (Mama) – die Mutter (Teil zur Schraube)

die Raupe (Tier) – die Raupe (Fahrzeug auf Baustellen)

Team 2

der Kiefer (Knochen im Gesicht) – die Kiefer (Nadelbaum)

der Fuchsschwanz (Teil des Fuches) – der Fuchsschwanz (Säge)

der Hahn (Wasserhahn) – der Hahn (Tier)

die Kapelle (Musikgruppe) – die Kapelle (kleine Kirche)

die Maus (Tier) – die Maus (Teil des Computers)

das Pflaster (Bodenbelag aus Stein) –
das Pflaster (zum Versorgen einer Wunde)

die Schlange (Tier) – die Schlange (Menschen, die anstehen)

△

Name: Datum:

Der Artikel macht's!

1. Lies dir die Sätze im Kopf durch.

Der Indianer hat das Pferd.
Ein Indianer hat das Pferd.
Der Indianer hat ein Pferd.
Ein Indianer hat ein Pferd.

Eine Frau hat ein Kind.
Die Frau hat ein Kind.
Die Frau hat das Kind.
Eine Frau hat das Kind.

2. Stellst du unterschiedliche Bedeutungen fest? Warum?

3. Überlege dir mit deinem Partner passende Situationen für die Sätze.
   Beispiel: Ein Cowboy, dem sein Pferd gestohlen wurde, ruft: „…“

4. Stelle dir die jeweilige Situation vor. Verbinde, was deiner Meinung nach gut zusammenpasst. Es gibt mehrere Möglichkeiten.

Ich stehe im Bahnhof.
Ich stehe vor dem Bahnhof.
Ich sitze im Zug.

Ein Zug fährt in einen Bahnhof ein.
Der Zug fährt in einen Bahnhof ein.
Der Zug fährt in den Bahnhof ein.
Ein Zug fährt in den Bahnhof ein.

5. Besprich mit deinem Partner deine Entscheidung.

6. Überlege dir selbst solche Sätze mit unterschiedlicher Aussagekraft.

Fremdwörter-Lernkartei

Trikot	Etage	Hektik	Operation	Theorie	Skizze	Thermometer
Interview	Inserat	Fabrik	Lotion	Konflikt	Diagnose	Information
Publikum	Jury	Exemplar	Spray	Favorit	Definition	Lexikon

2. Pronomen

Die Pronomen sind eng mit den Nomen verbunden, da sie stellvertretend für diese stehen können (→ Fürwörter): *Die Frau geht spazieren. Sie hat einen Hund dabei.* Oder Pronomen geben als Begleiter einen Hinweis auf die Wortart Nomen: *mein Heft, ihre Mutter.*
Besonders häufig treten die Personalpronomen *ich, du, er/sie/es, wir, ihr, sie* und deren Varianten in den Fällen (*meines, dir, ihn, sein, uns*...) auf. Vor allem sprachschwache Schüler zeigen Schwierigkeiten im Umgang mit dem Hinweischarakter, den Pronomen innehaben.
Es besteht desweiteren eine direkte Verbindung zwischen Pronomen und Verben, da die Personen die Personalendung bei Verben bestimmen (*ich gehe, du gehst, er/sie/es geht, wir gehen, ihr geht, sie gehen*).
Pronomen werden auch in Briefen mit oder ohne Höflichkeitsform verwendet.

Beschreibung der Materialien und Übungen

1. Wir steht für...
Warum? Pronomen-Personen-Beziehung erkennen, Wortschatzarbeit
Wie? Siehe Arbeitsblatt
Danach: Es werden Sätze gebildet. Jeweils einer mit dem gefundenen Beispielwort und einer mit der Ersetzung durch das Pronomen, z. B. *Der Bäcker knetet den Teig. Er knetet den Teig.*
Tipp: Das Arbeitsblatt kann die Grundlage für ein Plakat sein. Es wird nach und nach ergänzt durch die Erklärungen zu Pronomen (ersetzt ein Nomen; sagt uns, welche Verbform wir brauchen; verändert sich in den Fällen...) und Anwendungsbeispielen.

2. Wer tut etwas?
Warum? Zusammenhang zwischen Person und Verbendung erkennen und anwenden
Wie? Die Karten werden ausgeschnitten und auf zwei Stapel gelegt: Ein Stapel mit den Personalpronomen, der andere mit den Verben. Nun werden jeweils ein Pronomen und ein Verb gezogen und die richtige Verbindung genannt, z.B. *er schreibt.*
Danach: Die Pronomen und ihre Verbformen werden in eine Tabelle übertragen, so lassen sich Gemeinsamkeiten in den Endungen entdecken. Forscherauftrag hierzu: Vier Wörter sind anders. Warum? Dies führt weiter zur Unterscheidung zwischen regelmäßigen und unregelmäßigen Verben.
Tipp: Die Pronomenkärtchen lassen sich immer wieder verwenden, u. a. für Satzbildungsübungen, zur Arbeit mit den vier Fällen, in unterschiedlichen Zeiten...

3. Wem gehört es?
Warum? Andere Formen der Pronomen kennen und nutzen
Wie? Die ausgeschnittenen Karten werden auf zwei Stapel gelegt: Einmal die Pronomen und einmal die Bildkarten. Nun werden jeweils ein Pronomen und ein Bild gezogen und auf die Fragestellung „Wem gehört...?" geantwortet, z. B. *Wem gehört der Ball? – Der Ball gehört ihm. Es ist sein Ball.*
Variante: Es kann auch ohne die Bildkarten mit realen Gegenständen gespielt werden.

4. Das ist Kilian
Warum? Pronomen richtig verwenden, Förderung des Sprachgefühls
Wie? Siehe Arbeitsblatt
Tipp: Aus beliebigen Texten können die Pronomen retuschiert werden, um so Übungstexte zu erhalten.
Danach: Eine Sammlung von allen möglichen Pronomen in Personalformen kann angelegt und sortiert werden.

5. Pronomen-Elfchen
Warum? Spielerischer, kreativer Umgang mit Sprache, Baupläne erkennen, Personalpronomen verwenden
Wie? Ein Elfchen wird nach einem festen Bauplan (1. Zeile = 1 Wort, 2. Zeile = 2 Wörter, 3. Zeile = 3 Wörter, 4. Zeile = 4 Wörter, 5. Zeile = 1 Wort) verwendet, wobei das Thema und die thematische Bedeutung der Zeilen individuell festgelegt werden kann.
Tipp: Die selbst erfundenen Pronomen-Elfchen können in Schönschrift oder mit dem Computer gestaltet und zu einer Klassensammlung gebunden werden.

Name: Datum:

Wir steht für…

Jedes dieser kleinen Wörter kann für ein anderes stehen.
Suche passende Beispiele. Schlage im Wörterbuch nach.

der Bäcker,

die Blume,

das Eichhörnchen,

die Klasse,

die Kinder,

die Leute,

Forscherauftrag: Sieh dir die Begleiter genau an. Was fällt dir auf?

Wer tut etwas?

 **ich**	 **du**	 **er**	 **sie**
 **es**	 **wir**	 **ihr**	 **sie**
spielen	gehen	malen	turnen
schauen	schwimmen	schreiben	zeigen
bauen	liegen	trinken	schleichen
hören	ziehen	holen	bürsten
fallen	essen	lesen	wissen

Wem gehört es?

mir – mein/e

dir – dein/e

ihm – sein/e

ihr – ihr/e

ihm – sein/e

uns – unser/e

euch – euer/ eure

ihnen – ihr/e

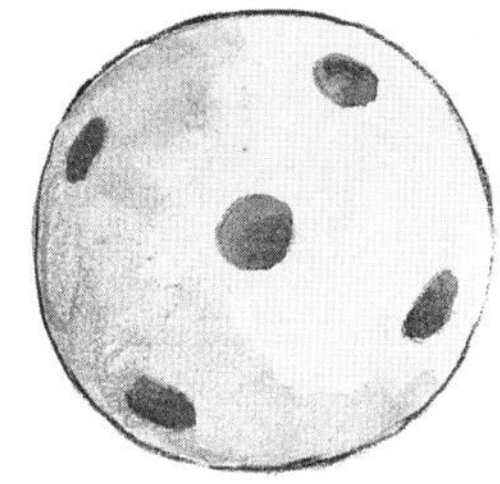

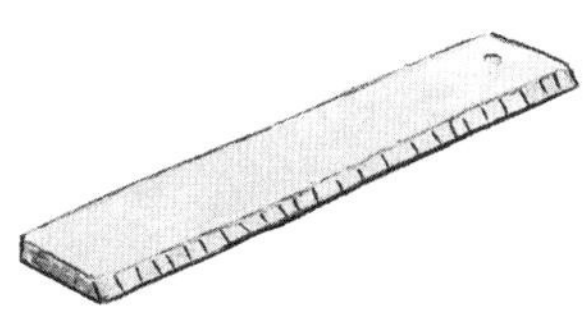

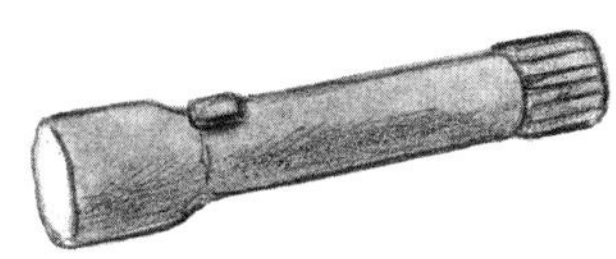

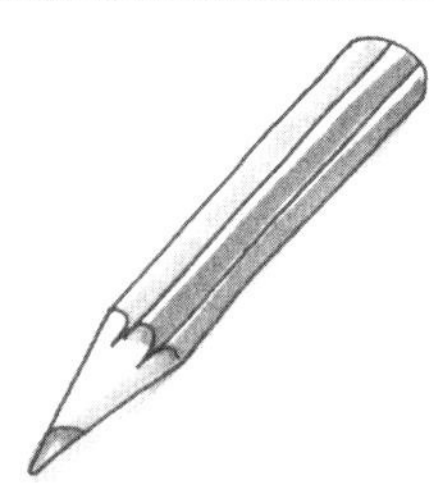

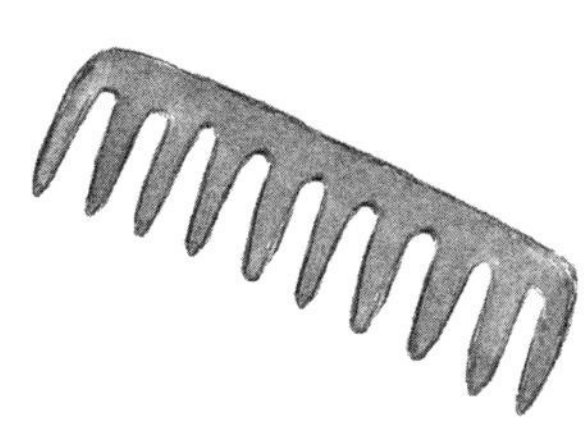

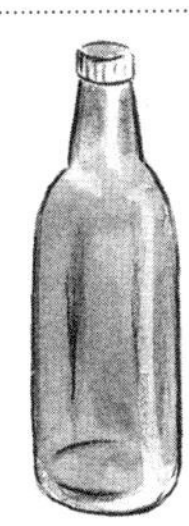

Name: Datum:

Das ist Kilian

Setze die passenden Pronomen ein.
Achte auf die Großschreibung am Satzanfang!

________ Name ist Kilian. ________ bin

neun Jahre alt. ________ kleine Schwester

heißt Leonie. ________ nervt mich manchmal ganz schön.

Aber ________ Witze finde ich toll!

Gemeinsam mit ________ Eltern wohnen ________ in

einer Wohnung direkt am Marktplatz ________ Stadt. Der

Bürgermeister hier heißt Herr Dirke. ________ Büro ist

gleich im Haus nebenan. Und ________ Sekretärin ist die

Freundin ________ Mama.

Viel Spaß habe ________ immer mit ________ Hund.

________ ist ein Dackel und hat eine komische Farbe.

Leonie hat noch ein Meerschweinchen. ________ lebt in

einem Käfig und frisst dort ________ Salat.

So. Das reicht jetzt von ________.

Erzähle ________ doch etwas von ________!

Wenn du dich traust, knicke die Lösungsvorschläge um
und probiere das Ausfüllen ohne...

unserer	du	sein	dir	ihre	ich	
wir	mein	meine	er	meiner	unseren	
unserem	seine	es	seinen	mir	ich	sie

Name: Datum:

Pronomen-Elfchen

Er
bellt laut,
hat ein Fell
und ist mein Freund.
Bello!

Wir
gehören zusammen.
Wir, die 3a!
Wir sind die Größten!
Hurra!

Forscherauftrag: Finde heraus, warum so ein Gedicht „Elfchen" heißt und wie es aufgebaut ist.

Erfinde selbst Pronomen-Elfchen.

3. Verben

Ein Verb kann Auskunft darüber geben, was jemand tut, welche Person etwas tut, in welcher Zeit etwas stattfindet, ob jemandem etwas getan wird, ob eine Handlung unsicher ist, wenn etwas befohlen wird; die Stellung eines Verbes im Satz bestimmt über die Satzart und welche Ergänzungen im Satz sinnvoll sind...
Die Komplexität dieser Wortart zeigt an, dass es keinesfalls Sinn und Zweck der Sache ist, diese Inhalte im Laufe der Grundschulzeit abzuarbeiten. Es geht vielmehr darum, wichtige Merkmale, die in direktem Zusammenhang mit der Sprachwirklichkeit eines Kindes stehen und für einen weiteren experimentellen Umgang mit Wort- und Satzgrammatik nötig sind, zu entdecken und zu erforschen.
Zusammensetzungen mit anderen Wörtern bzw. Wortarten, Ableitungen mit Vor- und Nachsilben, Nutzung des Wortstammes, das Vorhandensein von Hilfsverben (*haben*, *sein*, *werden*) und Modalverben (*wollen*, *sollen*, *dürfen*, *müssen*) und die gängisten Zeit- und Personalformen stellen neben der inhaltlichen Klärung und Erarbeitung von Wortfamilien und Wortfeldern die Schwerpunkte im Rahmen der Wortgrammatik dar.
Auch bei den Verben zeigt sich wieder das Problem mit der Begrifflichkeit. Die durchaus gängige Bezeichnung „Tunwort" bzw. „Tuwort" scheint auf den ersten Blick eine gute Wahl zum Näherbringen dieser Wortart. Tut doch jemand etwas. Doch bei genauerer Betrachtung schließt diese Bezeichnung viele Wörter aus, bei denen offensichtlich nichts getan wird (*schlafen*, *faulenzen*, *liegen*), sie schließt den gesamten Bereich der Modal- und Hilfsverben aus und lässt dafür Wörter wie *fleißig* oder *verregnet* durchschlüpfen, weil sich da etwas tut. Auch der Begriff „Zeitwort", der auf die unterschiedlichen Zeitformen anspielt, ist zweideutig. Es gibt andere Wörter (*gestern*, *Minuten*, *heute*, *Freitag*), die viel besser geeignet sind, eine Zeit anzugeben.
Um Schülern das Identifizieren von Verben zu erleichtern, bieten sich die Ich-Du-Wir-Probe und die Heute-Gestern-Probe an. Lässt sich ein Wort mit verschiedenen Personen und Zeiten einsetzen, so ist es ein Verb.
Beispiel: *gehen – ich gehe, du gehst, wir gehen; ich gehe – ich ging*
müssen – ich muss, du musst, wir müssen; ich muss – ich musste

Beschreibung der Materialien und Übungen

1. Verbkarten

Warum? Verbensammlung, Verben in der Grundform, Verbendungen -en/-eln/-ern

Wie? Die Verbkarten bieten einen Grundstock an Verben in Bild und Wort. Diese Karten lassen sich immer wieder auf verschiedenste Art und Weise einsetzen: Bild und Wort zusammensuchen und inhaltlich klären; Bild- und Wortkarten als Paare such-Spiel verwenden; die Wörter auf die Rückseite der Bilder kopieren und als Kontrolle zum Verschriften der Wörter nutzen; die Bilder als Sprech- und Erzählanlass nutzen; die Wörter nach dem ABC ordnen; rechtschriftliche Aufpassstellen finden und thematisieren; die Verben in die Kategorien Grundform mit -en/-eln/-ern einteilen; Pantomimespiel; die Verben mit Personen oder Zeiten verändern...

2. Ver(b)schieber

Warum? Die Veränderung der Verbendung aufgrund der Personalform erkennen, Regelmäßigkeiten entdecken

Wie? Das Material besteht aus drei verschiedenen Ver(b)schiebern: Einem mit regelmäßig gebeugten Verben, einem mit unregelmäßig gebeugten und einem mit trennbaren Verben. Diese Ver(b)-schieber sind sukzessive einzusetzen und helfen den Schülern in einem ersten Schritt die Regelmäßigkeit der Verbendungen zu erkennen. Am besten gelingt dies mit Hilfe einer Tabelle und farbiger Markierungen. In einem zweiten Schritt öffnen sich dem Schüler die Ausnahmen zu dieser Regelmäßigkeit und Sonderfälle.

Danach: Zu jeder Art von Verben können die Schüler selbst weitere Beispiele finden und eigene Ver(b)-schieber gestalten.

3. Ein Piratenleben

Warum? Bedeutungsgebende Vorsilben erkennen, deuten und verwenden

Wie? Siehe Arbeitsblatt

Danach: Wortsammlungen mit gleichen Verben und unterschiedlichen Vorsilben (z. B. *hinschauen*, *wegschauen*, *herschauen*, *zuschauen*...) bzw. mit gleichen Vorsilben und unterschiedlichen Verben (z. B. *zugeben*, *zunehmen*, *zubereiten*...) können erstellt werden.

Tipp: Die Schüler probieren selbst ein solches Gedicht zu verfassen, beispielsweise zum Thema Tiere oder Märchen.

4. Verbbausteine

Warum?	Analogien in der Zeitenbildung bei regelmäßigen Verben entdecken
Wie?	Die Vorlagenkarten werden ausgeschnitten. Aus ihnen lassen sich mit den vorgegebenen Verben alle Zeitformen von „ich" bauen. Die Schüler erkennen die Regelmäßigkeiten in jeder Zeitstufe und sollen diese Regelmäßigkeiten auch für die anderen Personen (du, er/sie/es, wir, ihr, sie) entdecken.
Variante:	Die „werde"-Karte weglassen, wenn die Zeitform Zukunft noch nicht vorkommen soll.
Tipp:	Eine Erweiterung um Vorsilben ist auch hier möglich.
Danach:	Weitere Verben, bei denen dieses Bauprinzip funktioniert, werden gesammelt; unregelmäßige Verben.

5. gestern-heute-morgen

Warum?	Die Zeitstufen Vergangenheit, Gegenwart und Zunkunft voneinander abgrenzen, Signalwörter für die Zeitstufen erkennen und verwenden
Wie?	Siehe Material
Danach:	Die gefundenen Sätze der Schüler liefern mit Sicherheit viele Ansatzpunkte, um die Zeitstufen und deren Merkmale und auch die Zeitform der 1. und 2. Vergangenheit zu unterscheiden.

6. Kreuzworträtsel sehen-reden-gehen

Warum?	Wortfeldarbeit, genaue Wortwahl bedenken, Wortschatzarbeit
Wie?	Siehe Arbeitsblatt
Danach:	Die Wortfelder „sehen", „reden" und „gehen" können erweitert und auf Plakaten, in kleinen Heften, in Tabellen o. Ä. gesammelt werden.
Tipp:	Die Schüler können sich durchaus auch gegenseitig (Kreuzwort-)Rätsel zu Wortfeldern stellen.

7. Auf Entdeckungstour im Supermarkt

Warum?	Verwendung der 1. Vergangenheit, Hinführung zum Unterschied zwischen gesprochener und geschriebener Vergangenheit
Wie?	Siehe Arbeitsblatt
Danach:	Der Forscherauftrag liefert den Einstieg, über den Unterschied zwischen gesprochener (2. Vergangenheit) und geschriebener (1. Vergangenheit) Vergangenheit nachzudenken.
Tipp:	Auch das Verfassen von Berichten ist eng mit dieser Thematik verknüpft.

8. Unregelmäßige Verben-Lernkartei

Warum?	Unregelmäßige Verben in der 1. und 2. Vergangenheit
Wie?	Die Karteikarten werden von den Schülern auf der Rückseite mit den richtigen Zeitformen beschriftet, z. B. fallen – ich falle, ich fiel, ich bin gefallen. (Eine Absprache über notierte Zeitformen und Personen wird im Vorhinein getroffen.)
Danach:	Die Schüler können sich selbst abfragen bzw. von ihrem Partner oder den Eltern abfragen lassen.
Tipp:	Auffälligkeiten in der Rechtschreibung sollten immer markiert und gleich mitgeübt werden.

9. Zeitendiktat

Warum?	Unregelmäßige Verben in den Zeitformen erkennen und beugen
Wie?	Die Partnerarbeitskarte wird ausgeschnitten und in der Mitte geklappt. So kann jeder Schüler seinem Partner die Aufgabe „diktieren", ohne dass der andere etwas sieht. Ein Schüler nennt das Verb und die Zeitform, die sein Partner bilden soll. Zur Kontrolle hat er die richtige Antwort in grau vor sich. Die Schüler wechseln sich ab.
Variante:	Die Schüler schreiben die Ergebnisse auf. Hier bieten sich viele Ansatzpunkte zum Richtigschreiben (Lautqualität geht vor Verwandtschaft! Beispiel: *schossen nicht mit ß, obwohl schießen mit ß*)
Danach:	Die Zeitform der Angabe wird durch die Partner bestimmt.
Tipp:	Diese Art von Partner-Diktat eignet sich für viele Bereiche des Unterrichts (z. B. auch Mathematik) und ist leicht selbst herzustellen.

Verbkarten

Verbkarten

fragen	fliegen	essen	beißen	baden
schneiden	rechnen	malen	lesen	kaufen
brennen	waschen	trinken	singen	schreiben
küssen	kämmen	heizen	gießen	fließen
streiten	schwitzen	schwimmen	riechen	nähen
klingeln	paddeln	pfeffern	klettern	tanzen

Ver(b)schieber

ich	mal	
	hüpf	
du	trink	e
	lach	
er	geh	st
	zeig	
sie	hol	t
	schwimm	
es	hör	en
	zieh	
wir	küss	

ich	zieh		an
	mach		los
du	sitz	e	fest
	geh		unter
er	zeig	st	her
	roll		los
sie	schau	t	auf
	stampf		fest
es	räum	en	auf
	denk		nach
wir	mal		nach

ich	fahr	
	lauf	
du	wasch	e
	schlaf	
er	trag	st
	stoß	
sie	ess	t
	treff	
es	seh	en
	helf	
wir	geb	

Name: Datum:

Ein Piratenleben

Hoi! Hoi! Hoi!
Schatztruhen herschließen, (________________)
Feinde widerschießen, (________________)
Rumfässer vortrinken, (________________)
schönen Mädchen erwinken, (________________)
Meere anzwingen, (________________)
Lieder aufsingen, (________________)
Kanonen zufeuern, (________________)
Kollegen verheuern, (________________)
Gesetze abgehen, (________________)
Nixen bestehen, (________________)
Schiffe aussenken, (________________)
gar nichts umschenken! (________________)
Hoi! Hoi! Hoi!

Hier stimmt etwas nicht.

1. Markiere bei den Verben (Tunwörtern) die Vorsilben mit └●.
2. Vertausche diese dann so, dass das Gedicht einen Sinn ergibt. Schreibe die richtigen Wörter auf.
3. Forscherauftrag: Finde zu diesen Vorsilben noch andere Verben.

an: ______________________________

hin: ______________________________

be: ______________________________

ich	**-te**	**habe**	**-t**	**werde**
-e	**-ge**	schauen	suchen	malen
hoffen	lieben	grüßen	loben	tauchen
zeigen	spielen	kochen	leben	kämmen
du	**er/sie/es**	**wir**	**ihr**	**sie**
-test	**-te**	**-ten**	**-tet**	**-ten**
hast	**hat**	**haben**	**habt**	**haben**
-t	**-t**	**-t**	**-t**	**-t**

1. Schneidet den Kreis entlang der gepunkteten Linie aus.

2. Steckt durch den Punkt in der Mitte einen Zahnstocher.
   Nun könnt ihr den Kreisel drehen.

3. Schreibt euch eine Verben-Liste.
   Verwendet dazu eine Wörterliste oder ein Wörterbuch.

4. Dreht nun abwechselnd den Kreisel und bildet mit der Zeitangabe und jeweils einem Verb einen Satz.

5. Schreibt die Sätze auf.

6. Forscherauftrag: Ordnet die Sätze nach Vergangenheit, Gegenwart und Zukunft.

Name: Datum:

Kreuzworträtsel sehen – reden – gehen

Waagerecht:
3. etwas anstarren
5. vor Freude jubeln
7. die Augenlider auf- und abbewegen
9. ein verletztes Bein nachziehen
11. eine Rede halten
14. eine Sache genau erklären
15. nicht geradeaus gucken

Senkrecht:
1. langsames Spazieren
2. einfach drauflosreden
4. stramm und rhythmisch gehen
6. Dinge der Reihe nach erwähnen
8. genau im Auge behalten
10. selbstbewusstes Gehen
12. leichtfüßig und fröhlich fortbewegen
13. nicht aus den Augen lassen

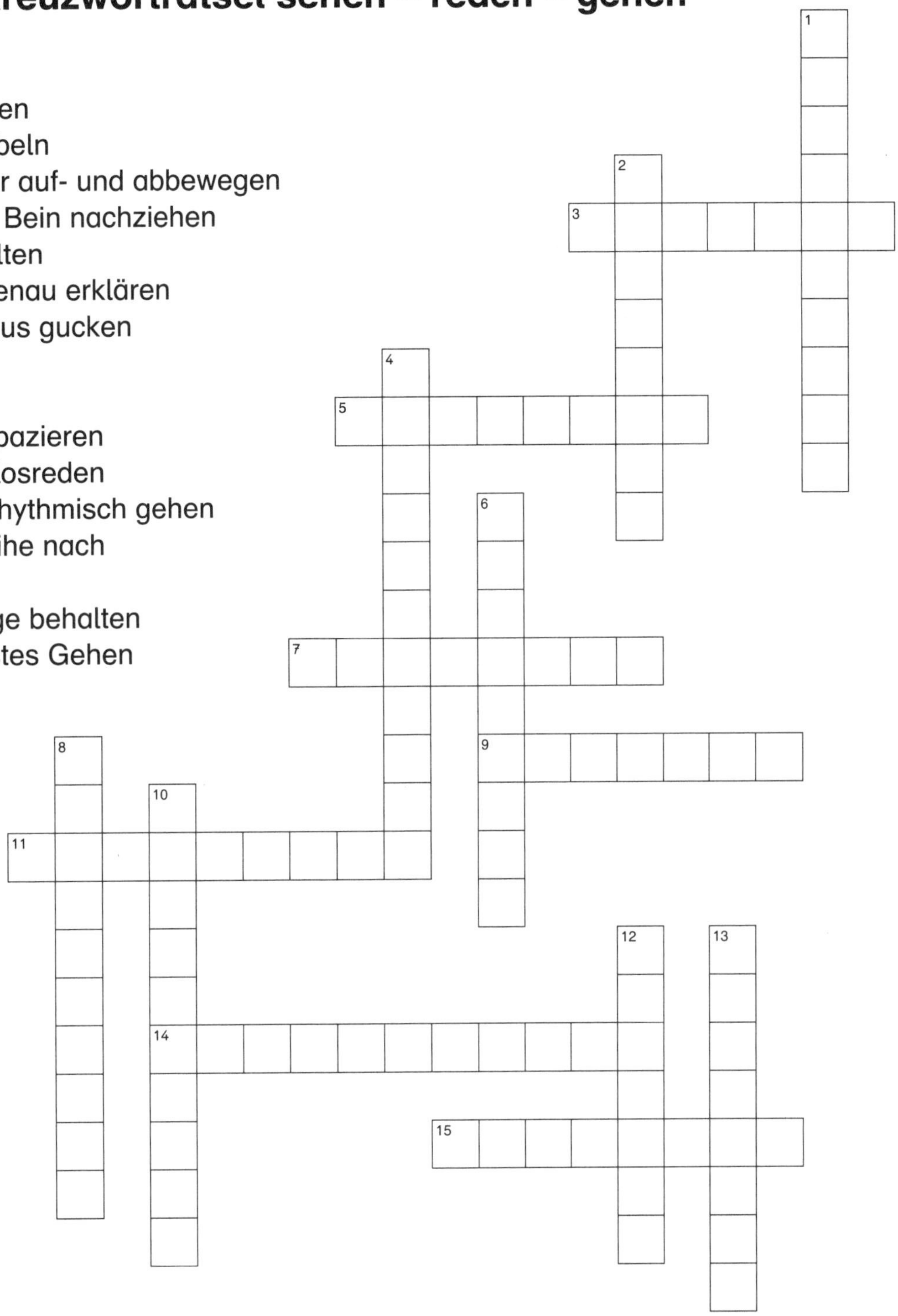

Lösungswörter:
marschieren glotzen plappern jauchzen aufzählen blinzeln stolzieren
humpeln vortragen fixieren informieren schielen tänzeln beobachten
schlendern

Name: Datum:

Auf Entdeckungstour im Supermarkt

Die Klasse 3b geht mit ihrer Lehrerin in den Supermarkt.
Die Kinder haben den Auftrag, sich Sachen zu notieren, die ihnen auffallen.

Auf der Anzeige der Kasse steht der Geldbetrag.

Einer alten Frau fällt eine Schachtel mit Eiern hinunter.

Auf der Stange hängen schöne Kleider.

Ein kleines Kind will unbedingt einen Kaugummi.

Der volle Einkaufswagen ist schwer zu schieben.

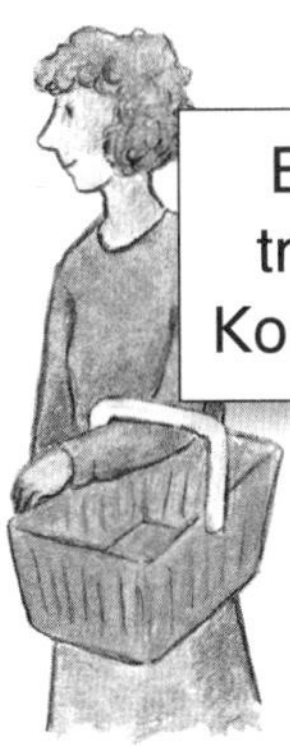

Eine Frau trägt einen Korb am Arm.

Der Lastwagen bringt die Lebensmittel.

Am nächsten Tag schreiben die Kinder in ihr Heft, was sie am Tag zuvor gesehen haben.

Der Lastwagen brachte ...

Forscherauftrag: Wie würden die Kinder wohl die Sätze formulieren, wenn sie nur mündlich von der Entdeckungstour erzählen sollten?

Unregelmäßige Verben-Lernkartei

heißen	kommen	lassen	liegen	nehmen	rennen	schlafen
halten	kennen	kriechen	lesen	müssen	raten	schieben
hängen	helfen	können	laufen	messen	nennen	riechen
biegen	bringen	fallen	finden	frieren	geschehen	haben
beißen	brennen	essen	fangen	fließen	gehen	gießen
beginnen	bleiben	empfinden	fahren	fliegen	geben	gewinnen

schreiben	sehen	stoßen	trinken	verlieren	wiegen	zwingen
schließen	sein	stehen	treffen	vergessen	wachsen	ziehen
schlagen	schwimmen	streiten	tragen	verbrennen	waschen	wissen

Zeitendiktat

Partner 1

er fliegt	1. Vergangenheit	er flog
wir erschraken	Zukunft	wir werden erschrecken
sie fiel	Gegenwart	sie fällt
ich las	2. Vergangenheit	ich habe gelesen
es wächst	1. Vergangenheit	es wuchs
ich vergaß	Zukunft	ich werde vergessen
es schlug	Gegenwart	es schlägt
sie mögen	2. Vergangenheit	sie haben gemocht
sie fiel	Gegenwart	sie fällt
wir haben gefunden	Zukunft	wir werden finden
ich gewinne	1. Vergangenheit	ich gewann
wir riechen	2. Vergangenheit	wir haben gerochen
sie blieben	Gegenwart	sie bleiben
du hast geholfen	Zukunft	du wirst helfen

Partner 2

du bist	1. Vergangenheit	du warst
wir aßen	Zukunft	wir werden essen
sie kam	Gegenwart	sie kommt
ihr werdet suchen	2. Vergangenheit	ihr habt gesucht
es schneidet	1. Vergangenheit	es schnitt
ich sah	Zukunft	ich werde sehen
es goss	Gegenwart	es gießt
sie wissen	2. Vergangenheit	sie haben gewusst
sie wollte	Gegenwart	sie will
wir haben gezogen	Zukunft	wir werden ziehen
ich wasche	1. Vergangenheit	ich wusch
wir trugen	2. Vergangenheit	wir haben getragen
sie schwiegen	Gegenwart	sie schweigen
du hast gefroren	Zukunft	du wirst frieren

4. Adjektive

Die Funktion von Adjektiven besteht darin, andere Wortarten zu ergänzen und zusätzliche qualitative Aussagen zu machen. Daher unterstützen sie das genaue Beobachten bzw. Beschreiben und sind für den schriftlichen und mündlichen Sprachgebrauch sehr wertvoll. Andere Bezeichnungen für diese Wortart sind „Eigenschaftswort" oder „Wiewort". Der Begriff „Wiewort" als auch die Beweisführung über die Wie-Frage bergen das Problem in sich, dass auf Wie-Fragen auch andere Antworten möglich sind: *Wie bist du hergekommen? – Mit dem Bus.*
Ein besser geeigneter Beweis zur Bestimmung von Adjektiven ist die sog. „Quetsch-Probe"[1]: Hier wird getestet, ob sich das Wort sinngebend zwischen einem Begleiter und einem Nomen platzieren lässt, z. B. *grün – das grüne Gras; lieb – die lieben Kinder; komisch – der komische Witz.*
Weiterhin ist eine typische Eigenschaft und damit Erkennungsmerkmal von Adjektiven die Steigerung (Grundstufe – Höherstufe – Höchststufe), wobei diese Begrifflichkeit für Schüler wieder einen Stolperstein darstellen kann: *weniger* oder *leichter* sind keine Steigerungen im eigentlichen Sinne, *am niedrigsten* verdient nicht die Bezeichnung der Höchststufe. Vielmehr handelt es sich um Vergleiche: *Eine Feder wiegt weniger als ein Stein. Das Haus ist am niedrigsten von allen.*
Daher wären folgende Begriffe dem Sachverhalt dienlicher[2]:

- Grundform (angelehnt an die Grundform beim Verb)
- 1. Vergleichsstufe
- 2. Vergleichsstufe
- Elativ: Eine weitere Vergleichsstufe (aufgrund des tatsächlichen Sprachgebrauchs die Steigerung mit Wörtern wie *super, mega, absolut* o. Ä.).

Einige Adjektive stellen einen absoluten Zustand dar und sind nicht zu steigern: *tot, ehemalig, blind…*
Zur Arbeit mit Wortbausteinen bieten sich bei den Adjektiven typische Vor- und Nachsilben an: *un-, ur-, miss-, -lich, -bar, -haft, -ig, -sam.*
Auch die Thematik der Gegensätze spielt bei dieser Wortart eine Rolle. Viele Adjektive haben ein oder mehrere gegenteilige Adjektive gegenüber: *groß – klein, hell – dunkel, schön – hässlich.*

Beschreibung der Materialien und Übungen

1. Ich sehe was, was du nicht siehst…

Warum?	Beschreibung anhand von Adjektiven, Unterschiede in der Wahrnehmung von Eigenschaften erkennen
Wie?	Die Bildkarten werden ausgeschnitten und verdeckt auf einen Stapel gelegt. Ein Schüler zieht die erste Karte und beschreibt anhand von optischen Merkmalen mit möglichst vielen Adjektiven oder Umschreibungen den Gegenstand auf seiner Karte. Achtung: Keine Erklärung, anhand dessen, was mit dem Gegenstand getan wird, wo er vorkommt oder was er kann.
Variante:	Das Blatt kann auch im Ganzen belassen werden und die Schüler denken sich einen der Gegenstände, den sie dann beschreiben. Die Begriffsfindung wird durch die Präsenz der Bilder erleichtert.
Tipp:	Einige der Bildkarten können zuerst gemeinsam an der Tafel beschrieben werden. Die Sammlung von Schüleraussagen ermöglicht dann ein Sortieren nach Adjektiven und Umschreibungen (z. B. *„sieht aus wie ein Ei"*). Die Adjektive wiederum können nochmals nach der Art ihrer Wahrnehmung sortiert werden.
Danach:	Erweiterung auf „Ich höre was, was du nicht hörst…", „Ich fühle was, was du nicht fühlst…" usw.

2. Die fünf Sinne

Warum?	Adjektivsammlung zu den Sinneswahrnehmungen
Wie?	In der Tabelle werden Adjektive gesammelt, die mit den fünf Sinnen wahrgenommen werden können. Grundlage dafür können die Spiele von Nr. 1 darstellen.
Variante:	Solche Tabellen mit Wortsammlungen lassen sich im Sinne von Wortfeldern auch zu anderen Themen erstellen. Z.B. Welche Adjektive passen zu Menschen, Tieren, Pflanzen, Dingen? Welche Adjektive passen zu Hunden, Katzen, Vögeln, Elefanten? Welche Adjektive passen zu Feuerwehr, Büro, Bäckerei, Supermarkt?
Tipp:	Diese Wortsammlung kann für Schreibaufgaben verwendet werden.

[1] Aus: Heinz Risel, Grammatik in der Grundschule, Auer Verlag, Donauwörth 2006
[2] Aus: Horst Bartnitzky, Grammatikunterricht in der Grundschule, Cornelsen Verlag, Berlin 2005

4. Adjektive

3. Sag's genau mit Adjektiven

Warum? Funktion von Adjektiven erkennen und nutzen

Wie? Die Schüler sollen zu einem Bild mit Hunden bzw. Kindern beschreibende Angaben zu einzelnen Hunden bzw. Kindern machen. In den unterschiedlichen Varianten spiegelt sich die Qualität einer Angabe bezüglich des Erkennungswertes wider.

Variante: Diese Art der Übung kann auch an realen Gegenständen oder Personen durchgeführt werden.

Danach: Hier besteht eine enge Verknüpfung zur Beschreibung.

4. Tierischer Wahnsinn

Warum? Adjektive erkennen und belegen, Sinngebung durch Adjektive gestalten

Wie? Siehe Arbeitsblatt

Danach: Auch in Lesebuchtexten können die Adjektive gefunden und dann durch andere ersetzt werden. So ergeben sich lustige Quatschgeschichten oder Geschichten mit einem völlig neuen Sinn.

5. Wort + Wort = zusammengesetztes Wort

Warum? Wortschatzarbeit, zusammengesetzte Adjektive bilden, die Aussagekraft von zusammengesetzten Wörtern erkennen

Wie? Siehe Arbeitsblatt

Variante: Die Einzelwörter können auf Karten geschrieben und an die Schüler verteilt werden. Nun sollen sich Paare finden, die besonders gut zusammenpassen.

Danach: Die Schüler sollen Personen, Tiere, Pflanzen oder Gegenstände finden, bei denen diese Adjektive zutreffen. Eigene zusammengesetzte Adjektive können gefunden bzw. erfunden werden.

6. Tafel – Gegenteile finden

Warum? Gegensätze kennen, Wortschatzarbeit, Vorsilbe un-

Wie? Die Schüler ordnen die gegenteiligen Adjektive durch Kennzeichnen mit der entsprechenden Zahl richtig zu.

Tipp: Auf der Rückseite kann die Lösung angebracht werden. Anschließend wird die Tafel laminiert und kann als Freiarbeitsmaterial angeboten von mehreren Kindern bearbeitet werden.

Variante: Die Adjektive und Gegenteile können auch mit dem Lineal verbunden werden.

Danach: Forscherauftrag: Eine Vorsilbe spielt bei Adjektiven und Gegenteilen eine große Rolle. Welche? Finde weitere Adjektive damit.

7. Wortfeld-Quartett

Warum? Wortschatzarbeit, ähnliche oder gleichbedeutende Adjektive kennen und nutzen

Wie? Das Wortfeld-Quartett besteht aus elf Vierer-Wortgruppen. Diese werden von den Schülern entweder offen zusammengesucht, umgedreht als Aufdeckspiel oder nach den Regeln eines Quartettspiels verwendet.

Tipp: Die Karten können mit Zeichen zur Selbstkontrolle versehen und in der Frei- oder Wochenplanarbeit eingesetzt werden.

Danach: Die Wortfelder werden selbst noch erweitert oder um andere ergänzt.

8. Umwandlung zu Adjektiven

Warum? Wortschatzarbeit, Wortverwandtschaften erkennen und nutzen, Nomen und Verben zu Adjektiven umwandeln, typische Adjektivendungen kennen

Wie? Die erste Arbeitskarte beschäftigt sich mit den Endungen –ig und –lich, mit denen Nomen und Verben zu Adjektiven umgewandelt werden. Dabei kann das Wörterbuch als Hilfe und Kontrolle genutzt werden. Die zweite Arbeitskarte fordert dazu auf, verwandte Nomen und Verben einander zuzuordnen, typische Adjektivendungen herauszufinden und die Bedeutung der Adjektive zu erklären.

Tipp: Die Arbeitskarten lassen sich sowohl als Kopiervorlage für die ganze Klasse verwenden, als auch für Stationen-, Theken-, Wochenplan- oder Freiarbeit.

Danach: Adjektivsammlungen, die nach Endungen oder/und Vorsilben geordnet sind, anlegen.

9. Vergleiche miteinander

Warum? Adjektive und deren Vergleichsformen kennen, bilden und anwenden, Umlautung, nicht vergleichbare Adjektive sammeln

Wie? Siehe Arbeitsblatt

Danach: Die Schüler erstellen eine Wortsammlung von Adjektiven, die keine Vergleichsmöglichkeit bieten.

Tipp: Von sprachstärkeren Schülern können Quartette zu Adjektiven und ihren Vergleichsformen angefertigt werden.

10. Das unterschreibe ich (wortartenübergreifend)

Warum? Beweisführungen für die einzelnen Wortarten

Wie? Die Vorlage wird für jeden Schüler laminiert oder in eine Klarsichthülle gesteckt. So ist sie immer wieder verwendbar, wenn es darum geht, ein Wort der entsprechenden Wortart zuzuweisen. Ein Wort wird angesagt und die passenden Kästchen dazu „unterschrieben".

Variante: Jedes Kind sucht sich ein Wort aus, mit dem es im Klassenzimmer herumgeht und Unterschriften dazu sammelt.

11. Wörterbaustelle (wortartenübergreifend)

Warum? Das Zusammenspiel der Wortarten erkennen und nutzen, Änderungen am Wort erkennen und richtig anwenden

Wie? Aus den Wortkarten können immer wieder neu zusammengestellte Wortgruppen oder Sätze gebildet werden, z. B. Begleiter + Adjektiv + Nomen; Nomen + Verb + Adjektiv; Pronomen + Verb + Adjektiv + Nomen usw. Dabei sammeln die Schüler Erfahrungen, welche Wortarten gut miteinander kombiniert werden können, auf wen/was sich das Adjektiv bezieht und wie sich die Endungen der Wörter verändern.

Danach: Leistungsstärkere Schüler können Wettbewerbe starten, wer den längsten sinnvollen Satz bilden kann.

Ich sehe was, was du nicht siehst ...

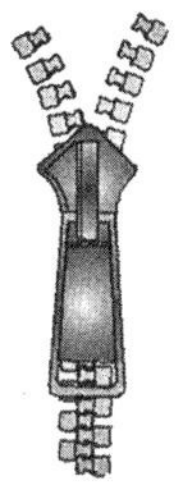
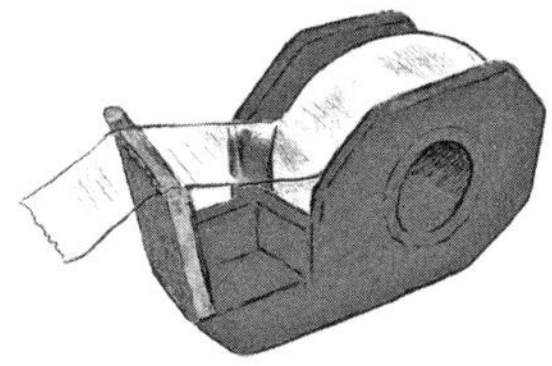
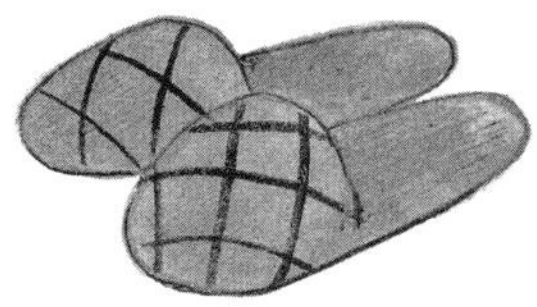

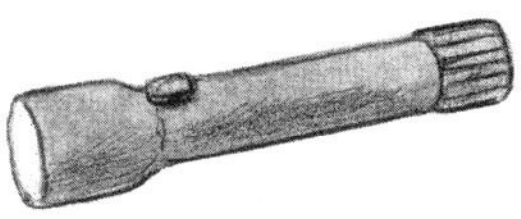
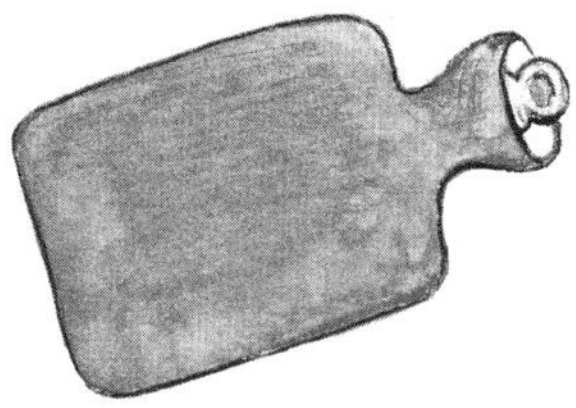

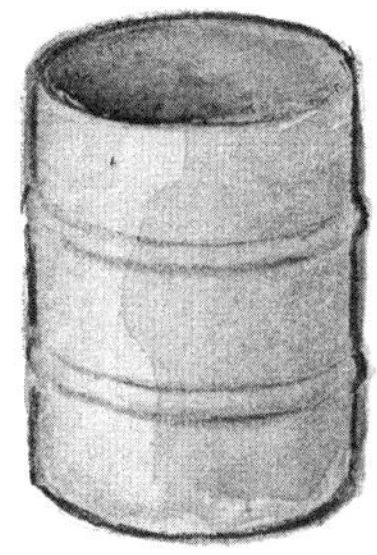
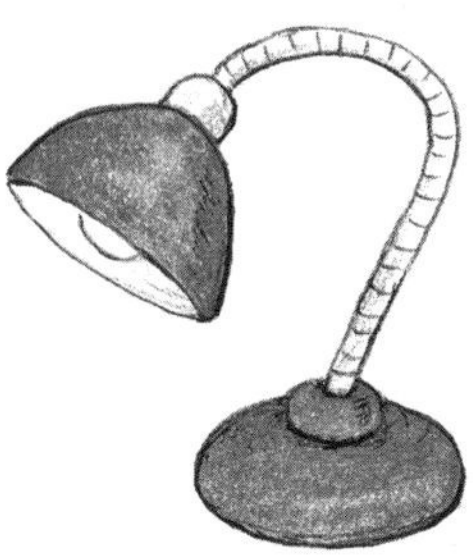
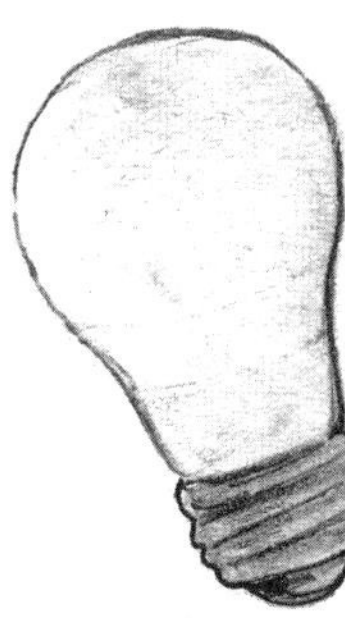

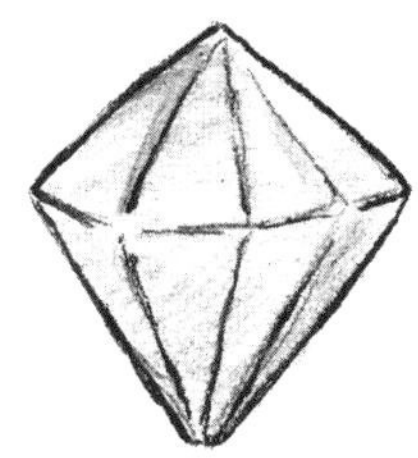
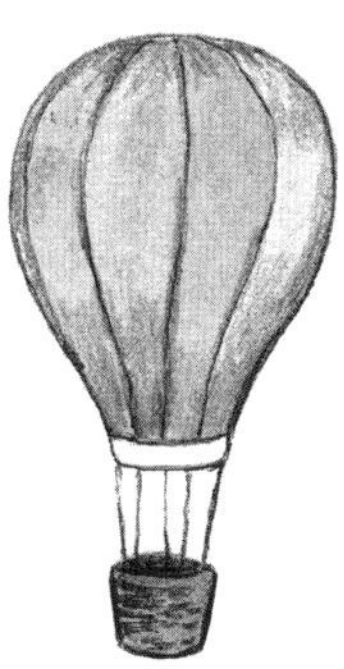
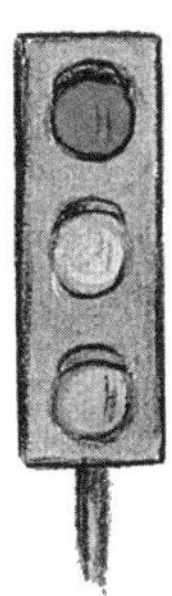
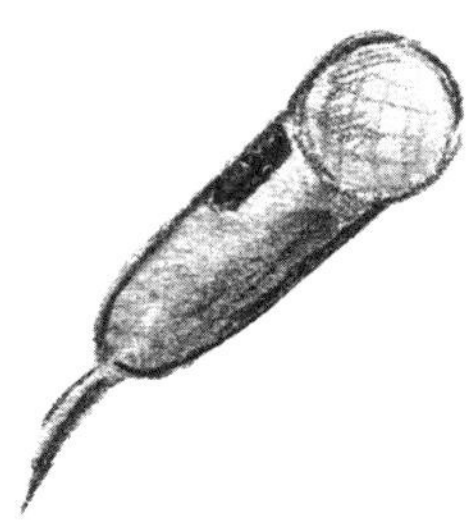

Name:

Datum:

Die fünf Sinne

Erstelle dir eine Wortsammlung mit Adjektiven zu deinen Sinnen.

Wie sieht es aus?	Wie schmeckt es?	Wie klingt es?	Wie riecht es?	Wie fühlt es sich an?
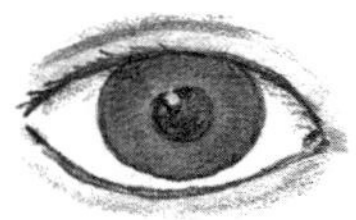	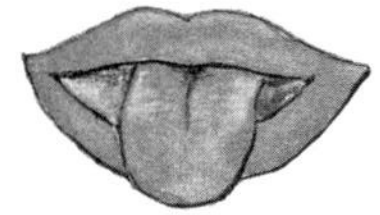	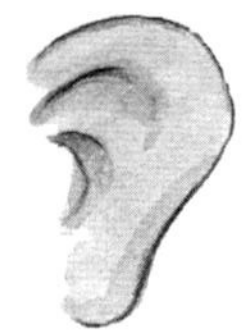		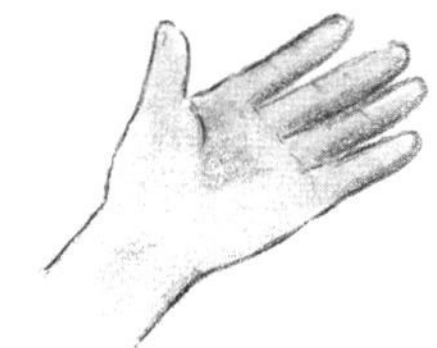
			rauchig	
	sauer			
		laut		
blau				
				weich

Welcher Hund?

... der Hund
... der große Hund
... der kleinste Hund
... der schwarze Hund
... der gefleckte Hund
... der langhaarige Hund
... der Hund mit dem langen Schwanz
... der Hund mit den kleinen Ohren
...

Beschreibe den Hund, den du meinst, besonders genau und treffend.

Welches Kind?

... das Kind
... das kleine Kind
... das lustige Kind
... das älteste Kind
... das dunkelhäutige Kind
... das große, braunhaarige Kind

Beschreibe das Kind, das du meinst, besonders genau und treffend.

Name: Datum:

Tierischer Wahnsinn

Wenn grüne Hunde schnurren,
giftige Katzen knurren,
lustige Fledermäuse traben,
riesige Raupen schaben,
schöne Spinnen niesen,
schleimige Bären schießen,
trockene Fische summen,
bunte Ameisen brummen,
wenn Hasen zuckrig bauen,
Maulwürfe listig schauen,
Schlangen veraltet hüpfen,
Elefanten geschmeidig schlüpfen,
Tiger unheimlich gackern,
Bienen lärmend ackern,

dann ist der tierische Wahnsinn nicht weit…

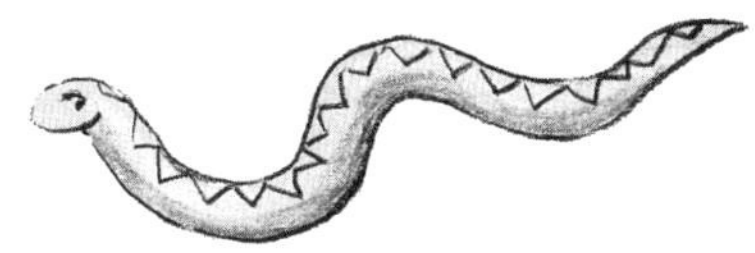
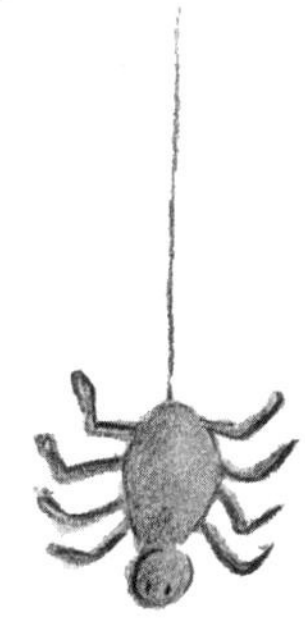

1. Unterstreiche alle Adjektive. Beweise dafür zweifach:
   – mit der „Quetschprobe“ (*giftig – der giftige Pilz*)
   – mit den Vergleichsformen (*giftig – giftiger – am giftigsten – supergiftig*)

2. Erfinde selbst „tierischen Wahnsinn“, indem du alle Adjektive durch andere austauschst, die dir gefallen.

3. Finde zu jedem Tier aus dem Gedicht sinnvolle und wirklich passende Adjektive. (*Beispiel: Elefant = grau, groß, trampelig, schwer…*)

Name: Datum:

Wort + Wort = zusammengesetztes Wort

Finde jeweils zwei Wörter, die zusammen ein neues sinnvolles Wort ergeben.
Male sie in der gleichen Farbe an.
Forscheraufträge: Welche zwei Wortarten findest du hier?
Zu welcher Wortart gehören die neuen zusammengesetzten Wörter?

Zucker

Eis

Feder

Stahl

gelb

Himmel

hart

süß

müde

blau

Riesen

schön

weiß

kalt

Sonnen

Wunder

Hunde

Schnee

leicht

groß

Schreibe die gefundenen Wörter hier auf.
Wenn du noch Platz hast, finde selbst weitere Wörter.

① schwer	selten ○
② beliebt	undeutlich ○
③ billig	leicht ○
④ häufig	teuer ○
⑤ fein	unbeliebt ○
⑥ deutlich	unfreundlich ○
⑦ mutig	bitter ○
⑧ freundlich	grob ○
⑨ süß	dunkel ○
⑩ hell	feig ○
⑪ müde	ungenau ○
⑫ genau	viel ○
⑬ regnerisch	unartig ○
⑭ sicher	hoch ○
⑮ wenig	sonnig ○
⑯ niedrig	arm ○
⑰ reich	wach ○
⑱ artig	unsicher ○

Wortfeld-Quartett

nett	lieb	freundlich	höflich
laut	dröhnend	geräuschvoll	lärmend
reich	wohlhabend	vermögend	gutgestellt
duftend	wohlriechend	aromatisch	parfümiert
gemein	fies	unfair	hinterlistig
sauber	reinlich	ordentlich	aufgeräumt
dreckig	schmutzig	eklig	unordentlich
hart	fest	stark	kräftig
lustig	komisch	witzig	ulkig
krank	unwohl	schlecht	leidend
schlau	begabt	gescheit	intelligent

-ig oder -lich

Wandle folgende Nomen und Verben zu Adjektiven um. Entscheide, ob die Endung -ig oder -lich passt. Schlage im Wörterbuch nach.

die Spitze
der Hof
die Jugend
zittern
die Stunde
wirken
der König
empfinden
das Herz
der Schreck
der Frieden
der Kern
die Kraft
der Hunger
die Ecke
richten
die Zicke
der Freund
nutzen
die Gefahr
der Schmutz

-lich

-ig

Nomen → Adjektiv

Jeweils ein Nomen und ein Adjektiv sind miteinander verwandt.

die Bedeutung	rot
die Leckerei	träumerisch
die Röte	wild
die Höhe	bedeutsam
die Wildnis	lecker
der Traum	sauer
das Wunder	hoch
das Misstrauen	essbar
die Säure	biegsam
das Leben	wunderbar
das Essen	misstrauisch
die Biegung	lebendig

Forscherauftrag 1:
Finde typische Endungen für Adjektive!

Forscherauftrag 2:
Erkläre jedes Adjektiv mit deinen Worten!

Name:

Datum:

Vergleiche miteinander

Grundform	1. Vergleichsstufe	2. Vergleichsstufe	So kannst du auch vergleichen.
klein			
	lustiger		
		am schnellsten	
			megaschwer
	dunkler		
stark			
			supergroß

Fülle die Tabelle vollständig aus. Vergleiche auch mit: mega-, super-, ober-, hyper-.

Forscherauftrag 1: Verändern sich bei manchen Wörtern die Laute/Buchstaben?

Bilde Vergleichssätze mit „als“.

Forscherauftrag 2: Findest du Wörter, bei denen keine Vergleichsform möglich ist? (Beispiel: verheiratet)

Das unterschreibe ich

… hat einen Begleiter.	… endet in der Grundform mit -en / -ern / -eln.	… passt zwischen einen Begleiter und ein Nomen (Quetschprobe).
… gibt es in Einzahl und Mehrzahl.	… besteht die Ich-Du-Wir-Probe.	… gibt es in den Vergleichsformen.
… hat die Endung -ung / -heit / -keit / -nis.	… besteht die Gestern-Heute-Morgen-Probe.	… beschreibt ein Nomen oder Verb näher.
… ist der Name für …	… beschreibt was getan wird oder geschieht.	… hat die Endung -sam / -bar / -ig / -lich / -isch.
… kann ich durch ein Pronomen ersetzen.	… passt zu den Vorsilben an-, auf-, be-, ver-, vor-, zu- …	… besitzt ein Gegenteil.
… ist ein Nomen.	… ist ein Verb.	… ist ein Adjektiv.

Wörterbaustelle

Verwende verschiedene Wortarten. Du kannst zwei, drei oder viele Wörter nehmen.
Finde unterschiedliche Möglichkeiten. Du kannst auch Sätze damit bauen.
Achtung: Die Endungen und Wortstämme können sich dabei verändern!

△	◬	▲	○	△
der	ich	wild	schlafen	Pirat
die	du	grün	klettern	Fliege
das	er	heftig	niesen	Tulpe
ein	sie	schön	hüpfen	Fernseher
eine	es	glatt	kichern	Glück
kein	wir	lustig	suchen	Teller
jeder	ihr	traurig	loben	Lehrerin
alle	mein	komisch	küssen	Baum
viel	ihre	löchrig	rechnen	Boot
wenig	sein	rosa	zaubern	Liebe
tausend	unser	bitter	laufen	Bäcker
fünf	eure	gemein	zeigen	Junge
diese	mir	süß	fliegen	Frosch
dem	euch	warm	nehmen	Prinzessin

Grammatikforscher - Diplom

Hiermit wird offiziell bestätigt, dass

----

ein Wortarten-Experte ist.

------------ (Datum)

------------ (Unterschrift der Lehrerin)

Literatur- und Quellenverzeichnis

Bartnitzky, Horst: Grammatikunterricht in der Grundschule, Cornelsen Verlag, Berlin 2005
Bayerisches Staatsministerium für Unterricht und Kultus: Lehrplan für die Grundschulen in Bayern, München 2000
Bredel, Ursula: Sprachbetrachtung und Grammatikunterricht, Schöningh Verlag, Paderborn 2007
Grundschule Deutsch, Nr. 18/2008: Im Blickpunkt: Sprache, Kallmeyer Verlag, Leipzig 2008
Helbig, Gerhard; Buscha, Joachim: Deutsche Grammatik, Langenscheidt, Berlin und München 2001
Menzel, Wolfgang: Grammatik Werkstatt, Klett/Kallmeyer, Seelze-Velber 1999
Risel, Heinz: Grammatik in der Grundschule – so geht`s, Auer Verlag, Donauwörth 2006

Oldenbourg Kopiervorlagen 150

Bibliografische Information der Deutschen Nationalbibliothek
Die Deutsche Nationalbibliothek verzeichnet diese Publikation in der Deutschen Nationalbibliografie; detaillierte bibliografische Daten sind im Internet über http://dnb.d-nb.de abrufbar.

Das Papier ist aus chlorfrei gebleichtem Zellstoff hergestellt, ist säurefrei und recyclingfähig.

1. Auflage 2010
Druck 14 13 12 11 10
Die letzte Zahl bezeichnet das Jahr des Drucks.

Umschlagkonzept: Mendell & Oberer, München
Umschlaggestaltung und -illustration: Lutz Siebert-Wendt, München
Lektorat: Alexandra v. Livonius, Neuendettelsau
Moderation: Ruth Dolenc-Petz
Herstellung: Daniela Birnböck
Illustrationen: Irmtraud Guhe, München; Kristina Klotz, München
Satz: artesmedia GmbH, Grasbrunn
Druck und Bindung: MB-Verlagsdruck, Schrobenhausen

ISBN 978-3-637-01109-0